那須塩原市提案型協働のまちづくり支援事業

語りべが書いた

しおばらの民話

塩原のかたりべ［編］

随想舎

水清き小太郎が渕の流れ

大沼公園・草紅葉と新湯富士

三段になって落ちる竜化の滝

雪に飾られた箒川の普門渕

紅葉に彩られた箒川と稚児が渕

新緑の箒川と天狗岩

語りべが書いた

しおばらの民話

塩原のかたりべ［編］

はじめに

塩原のかたりべ顧問　君島　久子

書斎の窓を開けると、たたなわる山々のかなたに、秀麗《しゅうれい》な尾頭山《おかしらやま》が見えます。

この山はまた、尾頭峠とも呼ばれ、私の子どもの頃は草鞋《わらじ》ばきで峠を越えたものです。越えればそこは会津の地。この「尾頭」とは、その昔那須野が原で退治され殺生石《せっしょうせき》となった、金毛九尾《きんもうきゅうび》の狐の尾と頭のことだと伝えています。いったいどのようにしてこの地に飛んできたのか、空想は無限に拡がり、美しい山嶺《さんれい》の姿と共に、子どもの心のひだに織り込まれ忘れることはできません。

夏ともなれば箒川《ほうきがわ》のせせらぎと共にコロコロとかじかの声。山紫水明《さんしすいめい》のこの塩原の地をふるさとにしたことを誇りに思い、そこに語り継がれた昔話や伝説を心の糧《かて》として、子どもたちは心豊かに成長していったと思います。

あれから幾星霜《いくせいそう》を経《へ》ました。世は科学万能の世界となり、伝統文化は衰退の一途《いっと》をたどるのみでした。そうしたある日、朗報は突然海山を越えてもたらされました。

当時私は、中国と東南アジアの国境地帯に住むタイ族の、民話採録のため現地調査に明け暮れていた時でした。思いがけずに「塩原のかたりべ」の会、発足の一報が、北京を経由し、昆明《こんめい》を経由して私の手元に届いたのです。

帰国して、久しぶりに塩原に帰り、「塩原のかたりべ」の皆さんの活躍をつぶさに見聞しました。ここまで育て指導してくださった先生方、関係者の方々にまず心より深く御礼申し上げます。

また、「会の十周年記念」に招かれた時も感動しました。幕が開くと語り部の皆さんが、なつかしいモンペ姿で、次々と現れ、私の幼いころ耳にした語り口調で、塩原の昔話や伝説を生き生きと語ってくれたのです。それを聴いて幸せな気分になりました。しみじみと心の底に秘められていた幼き日の想いがよみがえってきたのです。

そしてこの度、会の設立十五周年を記念して、本書『しおばらの民話』を刊行することができたことは、この上ない喜びです。本書により、ふるさと塩原の地に連綿《れんめん》と語り継がれてきた民話が、再び活字として蘇《よみがえ》り、皆様の耳目《じもく》を楽しませていただくことができましたら、こんなうれしいことはありません。

家庭や地域の中で、多くの方々に読まれ故郷の民話を後世に伝承していただけますよう念願しております。

民話語りをこよなく愛する「塩原のかたりべが書いた」本書の出版にあたり、ご支援をいただきました那須塩原市をはじめ、心ある方々の惜しみないご指導とご協力を賜りましたことに顧問として衷心より感謝申しあげます。

（国立民族学博物館名誉教授）

語りべが書いた　しおばらの民話　目次

語りべが書いた しおばらの民話

梅《うめ》の里《さと》〈上塩原〉

尾頭峠《おかしらとうげ》の谷合《たにあい》から流れてくる箒川《ほうきかわ》の水はよ、今もきれいだげっともが、むかしはな、もっともっと、きれいな水でよ、飲み水にしたり、野菜を洗ったりと、いろいろと暮らしに使われてな、田んぼや畑の作物も作られていたんだと。

ほんだげっともよ、何日か大雨が続くと、そのきれいに澄みきった川の水もだな、たぢまぢ、真っ黒になり、川がら溢《あふ》れでな、せっかく実った米も、芋も全部流されっちまってよ、村のてえらはとでも困っていたんだと。

ある年、長雨が続いたあとにな、今度はでっけえ川増《かわま》しが来てよ、見る見るうちに川は真っ黒くなり、まるで気でも狂ったがのように流れ、今にも川が溢れそうになっていたど。村のてえらは、川が溢れじゃしゃあね、何とがしなくっちゃなんねえと、一生懸命くい止めたんだけどはあ、もうこれ以上おら達の力ではどうにもなんねえ。社《やしろ》に行って、神様にお祈りすべえ。「神様、おねげえです。どうが、川を溢《あふ》れさせせんでくだされー。田んぼや畑を流さんどいでくだされー。せめて年寄りや子どもが喰う分だけは、お守りくだせえませえ」と一生懸命にお祈りした、とその時だな、何処《どこ》からともなく不思議な声がしてよ、「これ、皆のもの、よーぐきけよ、川を溢れさせとうなくれば、ここにきれいな娘を一人、生き埋めにせい」とな。みんなは吾《われ》の耳を疑ったと。「そんなひでえことするくれなら、みんなして餓死《がし》した方がましだ」と、てんでてんでに、そう思ったど。雨はひとつも降りやまねえ。

みんなはしかたなくトンボリ　トンボリと家に帰り始めたと。そんで途中まで来っとだな、向こうから、見たこともねえ、きれいな娘さんが雨に濡《ぬ》れてどんどんと皆の方に近づいて来んだと。そして、声をかけたと。「あのう　何か悩み事でも?」と。そんでも、村のてえらは誰も何にも言わねえ。すると娘さんが「早く、お話しないとそれ、川の水が溢れてしまいます。早く、早く」とせき立てられ、村のてえらはつい、さっきの不思議な話をしっちまったと。すると、娘さんは「おう、それはお困りでしょう、早く穴を掘って、私を埋めてください」。村のてえらは、「そんなことできるわけねえ」と言って、だれ一人穴なんか掘るものはねがった。すると、又、娘さんは「早く早くしないと、ほれ、川が溢れてしまいます。早く早く」と言われ、つい穴を掘っちまったと。すると、娘さん、その穴の中にストンと入ったけがよ、「早く早く、土をかけてくだされ」と穴の中から言った。そんだけど誰一人、土なんかかけるものはいながったど。みんならは一歩二歩と後ずさりしたと。と、その時だな、長雨で緩《ゆる》んでいだ　穴の周りの土が　ドドドドドーと崩《くず》れて娘さんを埋めてしまったど。

「ややや……とんだことしっちまった、娘さん堪忍《かんにん》してくれー　すまなかったー　申し訳ねえー　許してくれー」と、皆涙ながらに両手を合わせて、そこにひざまづき、そこをいつまでも動くべとしなかったど。

やがて、ふと気が付いいってみっと雨はいつしか止《や》んで、青空も見えていたと。

「あの娘さんのお陰じゃー」と言って、そこを塚《つか》にして、一本の梅の木を植えたんだと。

やがてその梅はでっかくなり、春にはきれいな花を咲かせて、その花の匂いといったら、一里四方にも漂《ただよ》ったと。そして、夏にはでっかい梅の実をいっぱいならせたと。村のてえらは、娘さんの恩を一日たりとも忘れまいと　自分の家に塚の梅の枝を折ってさした。すると、どの家にも根が付き、何年かして、その梅の木は、やっぱり春になるといい香りを村中に漂《ただよ》わせて、夏になると梅の実をいっぱいならせたんだと。それから　誰云うとなしに　この辺り一帯を梅の里と呼ぶようになったんだと。

おしまい

（再話／君島陽子）

◆参考文献／「しおばらの民話と伝説」塩原町教育委員会／ふるさと運動実行委員会／塩原小学校社会クラブ［編］

◆資料提供者／八木澤郁子

狐《きつね》の嫁《よめ》入《い》り〈上塩原〉

むかしむかし、上塩原の山ン中に、若いおっかと五つになる男ん子が住んでいた。おっかの名前はハル。子どもは徳松《とくまつ》といった。

徳松のお父《とう》は、徳松がまーだ赤ん坊の頃、鉄砲持って山に行ったきり、帰ってこねがったと。そんでハルは、炭焼きだの木こりしながら、徳松と二人、ずっとお父の帰りを待つ暮らしだった。だどもある日、徳松が高え熱出して、ハルは必死に看病したが、とうとう徳松は死んじまった。ハルはな、泣く泣くちっちゃな土《ど》まんじゅうの墓こさえて、徳松を葬《ほうむ》ったと。それからというもの、ハルは毎朝、握り飯ひとつこさえて、墓にお供《そな》えに行った。「徳松、さあまんま食え」手合わせてっと、いつの間にか握り飯がなくなってる。そんな日が続いてたが、ある朝、手合わせてたハルが、フッと顔上げっと、目の前に、徳松が握り飯手にして立ってる。ハルはたまげた。

「徳松！　ほんとに徳松け？」徳松は、ニコッとして握り飯を喰いだした。

「ああ、徳松、うめぇか？　うめぇか？」喜んでるおっか見ながら、徳松は、ゆっくり握り飯を喰っていつの間にかフッと消えっちまった。後追っかけたが、徳松はもう　どこさもいねえ。それからというもの毎朝、徳松が出てきてな、握り飯喰うようになったと。そんでハルは、何べんか言ってみた。「徳松、おめは抱っこが好きだったな。いっぺんでええから、ここさ　抱がさってみろ」徳松は、ただ笑うだけだ。

ある朝、とうとう我慢できねくなったハルは、飛びついて徳松を抱いっちまった。

徳松は、変わらなくてあったけえ。長えこと、ハルの胸に顔おっつけていた徳松だったが、フィと顔上げっと何と狐になってる。「おお、おめはサブ！」徳松に化けてだのは、上塩原の山に住む、サブと呼ばれる狐だったと。

「かんべんしてくろ。徳松に化けたら、おっかえらく喜んだべ。ほんで、おら、ずっと徳松になって握り飯喰ってたんだ。かんべんしてくろ」

「やっぱし　おめだったか……もしかしたらと思ってたんだがな。んでも　おら嬉しかったぞ。サブありがとな」

「怒《おこ》んねのけ？　怒んねのけ？」「怒るなんて、サブとんでもねえよ、これからもな　サブ徳松になってくろ」

「だめだ　もうできねえ。狐はな　人間に触《さわ》られたら、もう化けることはできねもん……」

そう言うとサブはぽろっと涙こぼしたと。んでも、ハルは朝んなっと　握り飯こさえて墓に行った。サブがまんま喰う間、ハルはサブと草むらにぶちかった。

雨の日は雨よけて、風の日は風よけてな、二人並んでぶちかったと。そんな日が、何日も何年も続いた。いつの間にか、若かったハルの頭に白髪が増え、サブの毛も油ッけが抜けて、見るからに、じさま狐になってしまったと。

ある朝のこと、帰りしなに、サブが言った。「おっかあ。今晩な、いいもんが見られっと。お月様が出るころ、福渡の川っぺりに立って、向こう岸よーぐ見てみなせ」

「あれ　何があんだんべ?」夜になって、ハルは箒川の川ぺりに立ってみた。

すっとな、こうこうと照ってたお月様に、おぼろな暈《かさ》がかぶって、辺りが急に仄暗《ほのぐら》くなった。それを待ってたみてえに、向こうの川上からちっちゃな灯りがチラチラ揺れて、こっちに来る。よーぐ目凝《こ》らすとそれは提灯《ちょうちん》の灯《あか》りらしい。それが後から後から湧《わ》くように出て来て、やがてハルの前あたりで、ぴたりと止まった。

そこには、一頭の馬に白無垢《しろむく》の嫁様が乗って、大勢いの供を従えている。

「ええー　嫁入り行列だ！」ハルがたまげて見てっと、こんどは　川下から提灯持った婿《むこ》さまが、嫁様迎えにきた。嫁様に手を出して、馬からおろすと、二人並んで、ハルに向かって、深々とおじぎした。つられて頭下げたハルが顔上げて見っと、黒紋付《くろもんつき》に袴《はかま》姿の凛々《りり》しい婿様は、なんと徳松だ。嫁様は桜の花みてえに初々しい。

「徳松！」ハルは川ん中に足を踏み入れたが、そこからは足が動かねえ。

徳松と嫁様は何度もにっこり笑うとな、おじぎして静々《しずしず》と川下に帰って行く。

「徳松！……」叫ぶハルに、徳松は何度も振り向いた。そして、行列は闇《やみ》の中に消えていったと。あくる朝、福渡辺りは、狐の嫁入りを見た話でもちきりだった。

「ゆんべの狐の嫁入りは、とーでもでっかかったなあ」「んーだ。あだに長い行列は初めて見たなあ……」んだども奥深い上塩原の山ン中まで、そうだこと話にくるものは、いねかったど。そんで、ハルとサブは二人していつまでも、婿様姿の徳松とめんごい嫁様のこと思いながら、暮らしていたんだと。

おしまい

（採話／野村和子）

＊ぶちかる（腰をおろす）

殿様《とのさま》の清水《しみず》〈上塩原〉

むかしむかしのことだ。上塩原にあった要害城《ようがいじょう》というお城に、たいそう里人思いの殿様がおられたと。塩原の山々に、それ　強い風が吹いたり、長雨が続いたりすっぺ。また、日照りが何日も続くとな、殿様はたいそう心を痛められて、家来を里にやっては、里人の暮らし向きを調べさせたんだと。

ある年の夏のことだ。梅雨があけた日から、それはもうカンカン照りの日が続いたと。まして　その年は梅雨でも珍しいほど、雨の少ない年だったからな、塩原の里は水不足で日増しにひどくなってきた。

日が経《た》つにつれて、山ふところの泉も涸《か》れて、箒川《ほうきかわ》の水も底をつくようになっちまったと。せっかく育った稲も枯れそうになって、畑の作物は干からびて成長が止まってしまった。今まで見たこともねえ　大干《だいかん》ばつになったんだと。

里人は、雷様《らいさま》が鳴り響く夕立《ゆうだち》を待って祈ったと。いつもならおっかなくて震えながら夕立が止むのを待ってたのに、今は、みんなで雷様が来るようにと祈った。

この様子を要害城の殿様が、心を痛めて見て居られた。

「そうじゃー　雨乞《あまご》いじゃ　雨乞いの用意じゃ！」殿様の言いつけで　家来たちは急いで一人の修験者《しゅげんじゃ》を連れてきた。修験者は何やら調べごとをする様子で城の周りをゆっくり歩いていたが、でっかい岩の前までくるとピタッと足を止めた。

そして、その前にドンとぶちかって、両手を胸の前で組み合わせ、目は半開きで何やら唱え始めた。石のようにどっしりと微動《びどう》だにしねえ修験者は、三日三晩、呪文《じゅもん》を唱え続けたと。

そして、四日目の朝のことだった透き通るようなきれいな水が、大岩の下から湧《わ》き出した。

「おーー」と歓声があがった。その水は一筋の流れとなって、修験者の前から箒川へと流れて行った。家来の知らせを聞いた殿様は喜んで飛んできた。

「ええ！！　これは」殿様は、少ない水の量に、ちっとがっかりしたけどが、そこは、ほれ、殿様だな、そんな気持ちはちっとも顔にも口にも出さねかった。

「おお、きれいな水じゃー　いやー　骨折り掛けたのう　ご苦労さんじゃったのう　ありがたい　ありがたい」修験者を丁寧《ていねい》にもてなして、お礼も十分に与えたと。

修験者が帰ってから少し経つと、にわかに空が真っ黒になって、大粒の雨が降り出したと。やがて、ぱさぱさに乾いてた大地をうるおし、田んぼの稲も、畑の作物もみるみる生気《せいき》を取り戻した。だけどが、なによりも喜んで活気を取り戻したのは、すっかりしょげこんでいた里人だった。それから数年間、この塩原の村には災害もねくて、たいそう平和な日々が続いていたそうだ。

ところが、ある年の秋、長雨が続くと、箒川はでっかい川増しにあって、田畑の作物はみんな流されてしまった。幸いお城は高台にあったもんだから、洪水からはまぬがれたと。殿様は、城内にある食料を里人に分け与えた。おかげで食料は急場をしのぐだけはあったが、辺りは泥水《どろみず》で飲み水としては、使えそうになかった。

城内の井戸水もすっかり濁《にご》ってしまった。殿様をはじめ、家来《けらい》たちも、里人もみんなが困っていた時だった。「おおーい、きれいな水が湧いてっとー」「どこだ　どこだー」みんなはあわてて、声のする方に飛んで行った。それはな、何年か前、あの修験者の祈りによって湧いた清水だった。不思議なことにちっとも濁ってねえ。

それからこの清水は涸れたり濁ったりしたのを誰も見たことはねがった。

里人はこの泉は、命の水が湧くとして大切にしたと。
そして、誰言うとなく「殿様の清水」と呼ぶようになって、今の世にまで伝えられているんだと。

おしまい

（再話／野村和子）

◆参考文献／「しおばらの民話と伝説」塩原町教育委員会／ふるさと運動実行委員会／塩原小学校社会クラブ［編］

河童《かっぱ》のにぎり石〈堂の本〉

むかし、塩原温泉の一番奥にある、尾頭峠《おかしらとうげ》のふもと上塩原に、茂作《もさく》じいさんつう人が住んでいたと。ある年の春の事だった。茂作じいさんの家でも田植えの準備で大忙し。その日も朝から一日中、代《しろ》かきしてたから、顔から何から泥だらけ、馬のアオも真っ黒な体に泥いっぱいつけて、それが乾いてぱかぱかになってた。

「おお、アオおめも泥だらけだな、今洗ってやっからな」なんて言いながら細いあぜ道を行くと、赤川《あかがわ》がある。その河原をちっと上がって行くと渕があって、馬だの牛だの洗うにはもってこいの場所だった。

茂作じいさんはさっそく、アオを深みに連れて行って、ワラを丸めた、たわしでごしごし洗ってやった。「今日も一日ご苦労さんだったなや」なんて、茂作じいさんが話しかけると、アオも気持ちよさそうにおとなしくしてた。「さあて、今度は反対側だな」ってまわっぺとした時だった。アオがいきなり、「ひひひーん」とまえがきして、立ち上がった。茂作じいさんはぶったまげて、ざぶーんとひっころんだ。

「アオー　何だっつうんだよー　アオー」茂作じいさんはわけもわかんねえで、アオを追っかけながらよーく見っと、アオのしっぽに何か黒いものがしがみついてる。「あっ　あれは河童だ、河童だー」近ごろこの辺りに　悪りい河童が出て、畑や田んぼを荒らされて、村では困ってたんだ。

「河童だー」つう、茂作じいさんの声聞いて、「なに河童だと」って村の人らがわらわら出てきて追っかけた。

河童は振り落とされてはたまんねえと思って必死にアオの尻尾につかまってる。

アオは自分の馬屋に飛び込んだ。河童も飛び込んだ。「それつかめろ！」みんなしてつかめっぺとしたが、中々つかまんね、河童っちゃすばしこいんだわ。

そのうち、この河童、急にへなへなと座り込んだ。

なんだべやと見たらば、なんと河童の頭の皿の水がからからだ。

「それ！　今だ」と茂作じいさんは、河童に縄かけて、ぎりぎりゆっつばって裏の梅の木にしばりつけた。

子どもらも河童なんか見たこともねえから集まってきた。「ああ、これが河童か」なんて言いながら、つついたり、引っ張ったりしてたら、「おぼこだち　水くろー　水くろー」って河童が言うんだと。あんまり辛そうに言うもんだから、男っ子が桶《おけ》に水汲んできて、ばしゃーってかけてやった。ほしたらば、河童がブルブルって体ゆすって、大暴れしたと。子どもらは逃げ回った。何べんかそだことしてたら河童、かんねんしたんだべな、「茂作じいさま、茂作じいさま　おらもう、ぜったい悪り事しねから、勘弁《かんべん》してくろ！」って言うんだと。

「駄目だ、だめだ　おめの言うことなんか信用なんね」「あの　おら　約束の証拠《しょうこ》残すから……」「何？　証拠だと？　おもしれえこと言うもんだな、どんな証拠残すって言うんだ？」「あの、茂作じいさまの家の前にある　あの黒い石に　証拠残すから……」「なんだと？　あだな堅い石にどうやって証拠残すって言うんだ？　まったく、そうだ、へでなし聞いじゃいらんねな」「ほだこと言わねでくろ　絶対残すから……約束すっから……」

あんまり真剣に言うもんだから、もともと気のいい茂作じいさんな、ちっとかわいそうになってな、まあ、聞いてやってもいいかなって思ったと。その黒い石を河童に持たせてやっと河童は、「あの、もう一つお願えがあんだけど。おらの頭に水かけてくろや」「ああそうか」

と言って、ざぶっとかけてやったと。

すると河童は「んがー」ってあらん限りの力込めて、その石をにぎった。

そして、すーっと手を開いた。なんとあの堅い黒い石に、くっきりと河童の指の跡が付いていた。

これには茂作じいさんもおったまげて、縄をほどいてやった。

河童は何度も何度も頭下げて、するするっと赤川を登って行った。

それっきり、この辺りに河童は現れなくなった。

だけどが、河童が出た辺りは青々とした深い渕で渦を巻いて流れているんだよ。そこを今でも『カッパ渕《ぶち》』と呼び、『カッパ中』という小字名《こあざめい》もあるんだよ。

それから、茂作じいさんの子孫の家には河童がにぎったという石が、今でも大事に桐の箱に入れて家宝《かほう》として残されてあるんだよ。

おしまい

（再話／佐藤峰子）

◆参考文献／「しおばらの民話と伝説」塩原町教育委員会／ふるさと運動実行委員会／塩原小学校社会クラブ［編］

富士山《ふじやま》〈新湯〉

むかしの話だ。丸山の頂上、今の新湯富士《あらゆふじ》で、新湯村と下塩原村の人らが集まって、村の境のことで話し合いを始めたと。丸山には霊峰《れいほう》・富士山《ふじさん》の浅間神社《せんげんじんじゃ》を祀《まつ》った石の祠《ほこら》があったと。そのため新湯の人らは丸山のことを富士山と呼んで親しんでいたと。ところが、二つの村の人らは、富士山は自分たちの土地だとして、その境を譲《ゆず》らなかった。「ここは、おら達、下塩原の土地だぞ」「いいや、ここはおら達、新湯の土地だ」

「ほだにわけわかんねこと言うなら、この祠《ほこら》、下塩原に持って行くぞ」と下塩原の人らが怒り出した。新湯の人らもよ、こだに重てえ石でできてんのに、担《かつ》げるわけねえべやと思ったもんだから、「ほう、ひとりで担げるもんなら持って行け、担げるなら担いでみろや」と言い返した。下塩原には、君島木右衛門《もくうえもん》（塩釜の三島屋の先祖）という、たいそうな力持ちがいた。木右衛門《もくうえもん》は石の祠《ほこら》に縄をかけるとグイっと力入れた。そしてエイッと担ぎ上げたが、石だけにその重さといったらな、尋常《じんじょう》ではねがったど。

山を下る木右衛門の足は地面にくい込み、大沼のほとりで、でっかい一枚岩の上に足を置いた時には、堅い石の上に木右衛門の足跡が、くっきりと残ったんだと。

木右衛門は一歩一歩ゆっくり峰沿いに下塩原地内まで運んでゆき、もうこの辺でよかんべと思って、担いできた祠をおろした。

その場所は万人風呂の上の山（現在の富士山）だったと言われてるんだ。

「イヤーよくやった！　木右衛門、でかした！」みんな大喜びした。

「これで富士山はおらたち、下塩原のものだ」ところが、おもしろくねえのは新湯村のてえら、納得がいかねえ。そんで、今でも塩原の里には、「新湯の富士山」と「須巻の富士山」二つの富士山があるんだと。

おしまい

（再話／君島陽子）

◆参考文献／「しおばらの民話と伝説」塩原町教育委員会／ふるさと運動実行委員会／塩原小学校社会クラブ［編］

富士山《ふじやま》のこん太ギツネ〈新潟〉

むかしむかし　塩原の里になあ、富士山のこん太、はざま山のこん次、天狗岩のこん三《ぞう》っていう、三匹のきつねがいたと。この三匹はな、化けんのが上手くて有名だったんだと。

その中でも、富士山のこん太は特に上手くてよ、年がら年中、里の人らをだましてたと。

ある日のこと、その噂《うわさ》を聞いた男がな、ほんじゃそのキツネが化けるとこ、見てみてもんだなやと、夕餉《ゆうげ》近けえ頃やってきてな、富士山のふもとのがさやぶの道通って行くと、向けえの方から、きれえな女が歩いて来たんだと。

男は「やや、早速現れたな、あれは、こん太キツネが化けたに違えねえな、おれは、だまされんぞ。よし、正体を見届けてやっぺ」と思って、草ン中に隠れて、待っていたと。女が通り過ぎると、後から、すーっと後付けて行った。

すると、女は道の曲がり角で、急に立ち留まって、後ろを振り向いた。

「私を知っているのかい？　何か用があんのかい？」と言うんだと。

男は「ああ、知ってらあ、おめえは富士山のこん太キツネだんべ、おれは、ちゃんとみやぶったぞ」と、言うと、女は「あら、あんたにはかなわないねえ。今まで、ずいぶん人のことばかにしてきたんだけど、あんたのことは、なんぼにも、だますことできなかったんだねえ」と頭をコンと下げたんだと。

男は得意になって、「ほんじゃ、降参のしるしに、おれの目の前で、人を化かすのみせてくろや」と言うと、「ああ、それはお安い御用だよ、どうか見てておくんなんしょ」と言ったかと思ったらな、そこの道端さ落ちてた、馬のわらじを拾って、ポンと手をたたくと、それが立派な重箱になったんだと。それから、今度はな、道に落ちてた馬糞《まぐそ》を拾って「これはアンコ、これはきな粉、これは皮」と言いながら、手のひらで、ころころと転がすと、それが見るからにうまそうな、饅頭《まんじゅう》になったんべや。

いやー　男はたまげて見てっと、女はすまーした顔して、その饅頭を重箱に詰めてよ、「さあ、私についてこらんしょ」って言うと、歩き出したんだと。

ちっと行ったらば、一軒の家があって、「さあ、これからが、おもしれえくなっから、あんたは、だまって軒下の温泉にでも入って、のぞいてな」と言うと、女は戸を開けて、「ただ今、おとっちゃん、おっかちゃん、元気でいらったかい、久しぶりに帰ってきたよ」って、家ン中に入って行った。そこの年寄りたちは、嫁に行った娘が帰ってきたかと思ってな、「おお、よく帰ってきたな、早く上がって、休め、骨休みしろや」って大喜びなんだわ。女は、持ってきた重箱出して、「お土産に、お饅頭持ってきたから、食べておこれ」って言うと、みんなは、「うめなあ　うめなあ」と、その饅頭食い始めたんだと。男は「あらら……あの人らは、ばかだこと、馬糞《まぐそ》の饅頭、食ってらあ。なんつうばかな人らだべ」おかしくって　おかしくって、笑いてえの我慢して見てっと、急に誰かが、「おめさん、こだどこで　なに　にやにやしてんだ?」って肩たたかれたんだと。男は、「今、すごっくおもしれえどこなんだよ。この家の人らがな、狐に化かされて、馬糞饅頭を喰ってんだよ」って言うと「何、馬鹿言うてんだ、よく見ろよ、おめこそ狐に化かされてんだんべ」と言われた。

気が付くと、いつの間にか夜が明けて、お天道様が上がって、男は、馬小屋のためおけに入ってたんだとさ。

おしまい

（採話／君島栄七）

如《じょ》活《かつ》和《お》尚《しょう》と三《さん》左《ざ》エ《え》門《もん》〈新湯〉

むかし、江戸時代の頃、会津の良寛さまと慕われた、偉い坊さまがいたと。その人は如活様《じょかっつァま》といってな、いつも偉ぶることもなく子どもたちにも誰にでも優しくしてくれたと。死ぬまで寺を持たずに、ただただ困ってる人たちを助けるために、あっちこっちを転々として、念仏信仰も広めたんだと。

そんなもんだから、如活様を慕う信者や、弟子は数え切れねほどいたと。

ある時、会津の田島で一晩泊めてもらった家では、目の悪い人の病気を治したと。また、会津若松城の殿様の奥方様の母親が病気だって聞いた時は、若松まで行って治療してやったと。そうだもんだから、田島の人らはとてもありがたがって、いろんなこと相談しに行ったと。

如活様は、初めは医者様だったけどが、医術だけでは病気は治せねえ、心の病も一緒に取り除かねば病気は治せねえと考えていたんだと。

人々にぴったり寄り添って、体の病、心の病に立ち向かってくださったんだと。

その如活様のお墓が、新湯《あらゆ》の円谷寺《えんこくじ》跡の墓地にあるというから、聞いとおくれ。

「野州塩原の郷に暫《しばら》くご逗留《とうりゅう》あり、此所《ここ》にも門弟あり、新湯村、君島三左エ門」と文献にあるんだと。それから、田島の和尚の草庵より三左エ門が如活様に宛てた巻手紙も発見されたと。

その中には、近所の女の人の病気の様子が書いてあった。

三左エ門は、村の寺で如活様と患者の治療をやっていたようだ。

如活様はしばしば新湯の三左エ門の家に足を運ばれて、円谷寺が廃寺になった新湯の村人の信仰と健康を守ってくれていたんだと。そんなもんだから、村の人らは、如活様をうーんと頼りにしてたんだと。

熱心な信者たちが建てた、如活様のお墓が、妙雲寺にもあるんだと。

三左衛門さんは、新湯、渓雲閣のご先祖さまで、今では、新湯にある如活様のお墓も渓雲閣の人らが見守っているということだ。おしまい

（再話／佐藤峰子）

（岡鳳岡《ほうこう》著「新湯乃むかしかた里」から）
◆参考文献／「会津の良寛さま　如活物語」会津うめぼし会［編］
◆資料提供者／澤田けい子

ひしが沼の大蛇《だいじゃ》〈新湯〉

むかし新湯温泉《あらゆおんせん》が未だ栄えねえ頃のずっとむかしの話だ。

ある山寺に若い坊さまが修行にやってきた。坊さまの修行と言ったらほんにきびしく、その辺の草ぷら食って空腹《すきっぱら》をいやす程度で苦しい修行に耐《た》えていたと。

ある天気のいい日のこと、坊さまは蕨《わらび》を摘んだり、たらんぼ採ったりしながら山ン中を歩き回っていたと。するといつの間にかひしが沼のほとりに出てきた。

ひしが沼は水を満々とたたえ、鏡のような水面には、辺りの景色が映って、美しかったと。

「おお、みごとじゃ。こんな沼があろうとは……」

小鳥の声も聞こえてこねえ。静まりかえった沼を坊さまはじっと見ていた。

ふっと気が付くと何やら人のうめき声が聞こえてきた。「うーうーうー……」声のする方へ行ってみたらば、太い木の根元に若い女がうずくまっていた。

「ややや……これはひどい熱じゃねえの。どうすべ」坊さまは女を寺まで運んで、手厚く看病してやったと。何日か経って、女はすっかり良くなり、お礼にと言って、坊さまの身の回りの世話をすることになったと。坊さまは女の美しさにすっかり心をひかれ、時々仏に仕える身であることすら忘れる日もあったと。

女は毎日決まった時間に食事の用意と言って出て行っては、帰りに魚だの卵だの食べ物をいっぱい持って帰ってきた。

その時の女の髪の毛は、決まってしっとりと濡《ぬ》れていたが、今の暮らしを楽しんでいる坊さまは、それに気が付くこともねがったと。

ある時、修行することも忘れて、坊さまは昼寝こいでた。すると「お前は今の生活を続けるならば、仏に仕えることができなくなる。お前は今、もののけにとりつかれ惑《まど》わかされておる。それからのがれるには、修行《しゅぎょう》しかあるまいぞ」

坊さまは、なつかしい老師の声にはっとして目が覚めたと。

見ると、ちっと開いているふすまの向こうで、女は見られているとも知らずに　今、水から上がったばっかりのような髪を櫛《くし》でシューシューととがしていた。

坊様の背中にスーッと冷たいものが走った。女は腰から下はとぐろ巻いていた。

「たたた大変じゃー」体がぶるぶるぶる震えて止まらなかったと。

次の日から、坊さまの顔にかげりがみられるようになった。

そして、以前にも増して、きびしい修行を続けたと。

「どうなさったのですか？　急にお変わりになってしまって……」女が言うと、それには応えず、反対に訪ねた。「お前の髪はいつも濡れてるんだが、どうしたんだ」

とたんに女の顔はみるみる青ざめていったと。女は涙をいっぱいためて、黙って寺を出て行ってしまった。

それから、幾日か経ったある日、坊さまはひしが沼に行ってみた。

そして、生い茂る草が一筋、水辺まで踏み敷かれているあとを見たと。

坊さまは、静かに目を閉じ、手を合わせお経を唱えた。

その時、今まで静まり返って、鏡のような水面が、にわかにざざざーと波立ってきたことに坊様は気付くこともねかったと。

おしまい

（再話／渡辺喜代子）

◆参考文献／「しおばらの民話と伝説」塩原町教育委員会／ふるさと運動実行委員会／塩原小学校社会クラブ［編］

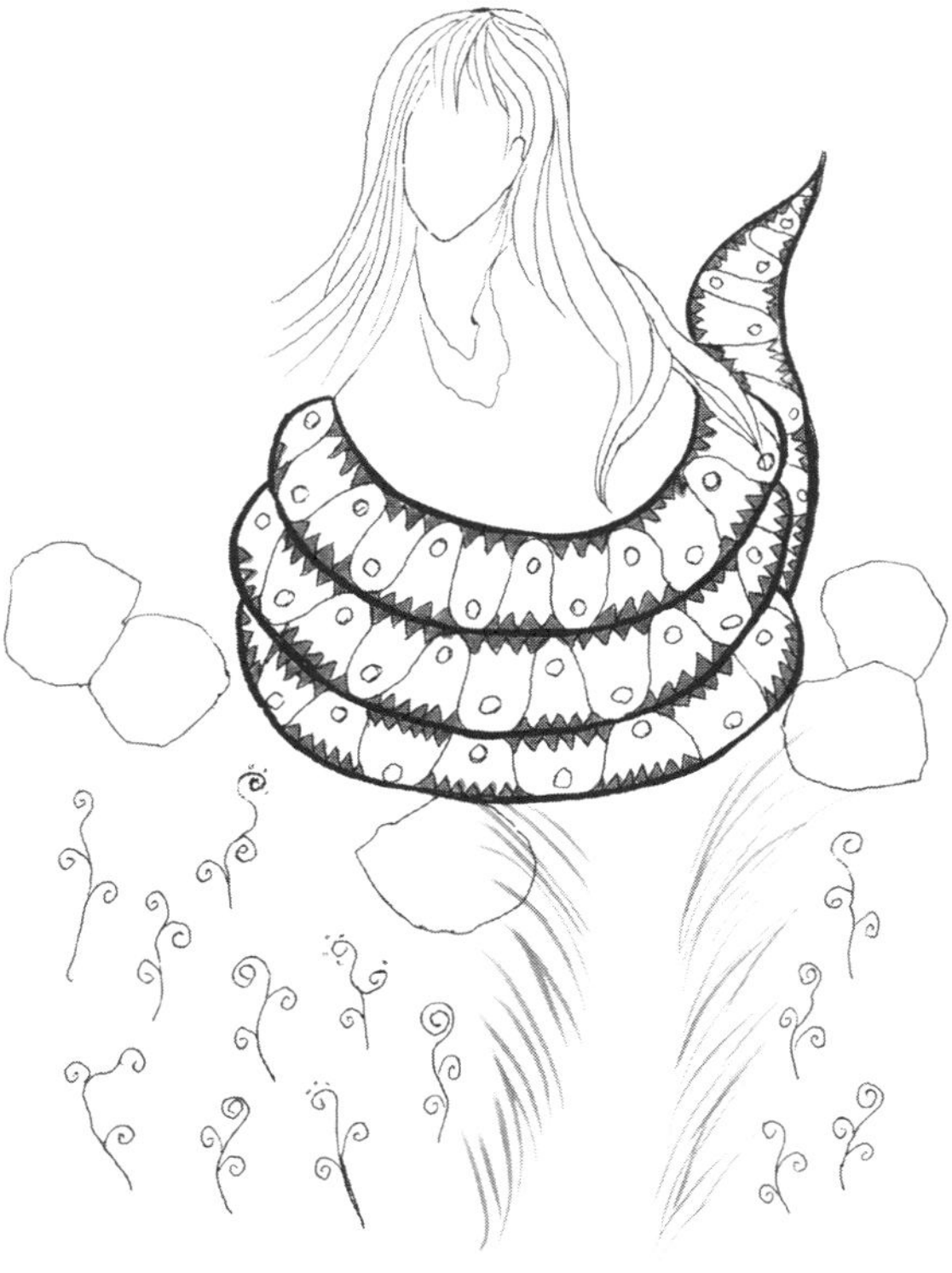

逆《さか》さ杉　塩原七不思議　一〈中塩原〉

日本では、三とか、七という数は大変意味深いものがあるんだと。塩原にもむかしから伝えられた七不思議があるんだよ。

むかしむかし、源　頼義《みなもとのよりよし》と義家《よしいえ》親子が、陸奥《むつ》の豪族・阿倍頼時《あべのよりとき》とその子、貞任《さだとう》・宗任《むねとう》らを討伐《とうばつ》した戦い（前九年《ぜんくねん》の役《えき》）に行く途中のことだった。

朝廷《ちょうてい》から派遣《はけん》された一行が、塩原の地に足を踏み入れた。もうすぐ目指す奥州という、ここ塩原で戦勝祈願《せんしょうきがん》をして、八幡大神をお招きになったと。

神様をお招きする時には、四方に竹をたて、祭壇《さいだん》をつくるわけだが、当時の塩原には竹がねがった。

しかたがねえから、義家は杉の木を切って、それで竹の代わりにしたと。

次の日から奥州に入った義家は、またたく間に阿部一族を征伐《せいばつ》したと。

八幡大神に深く感謝した義家は、さっそく塩原に戻り、お礼にと、八幡神社を建てたんだと。

義家は奥州征伐に発つ時、「この四方の杉の木が根付くならば、我々の戦いは勝利するであろう」と言い切って発《た》った。その言葉通り、杉の木はすっかり根付いていた。そして、八幡神社の御神木《ごしんぼく》として、今日にいたっているんだと。

また、もう一つの説には、一行が戦勝祈願を執《と》りに行って、そこで食事をとった時箸にした、二本の杉の小枝を社殿前の地面に逆さに挿《さ》して、奥州征伐に行った。

それが見事に逆さ杉になったとも言われているんだと。

この逆さ杉には、「登ることは絶対にしないこと。木の中には竜が住み着き、とぐろを巻いていて牙《きば》をむき出し、登ってくる人を襲って喰ってしまう」というような、恐ろしい話もあるんだと。

おしまい

（再話／佐藤峰子）

◆参考文献／「しおばらの民話と伝説」塩原町教育委員会／ふるさと運動実行委員会／塩原小学校社会クラブ［編］

一夜竹《いちやだけ》

塩原七不思議　二〈中塩原〉

この話は、逆さ杉に続くものでな、今度は竹が生えてきたという話だ。

むかしむかし、奥州征伐《おうしゅうせいばつ》をしてきた、源頼義《みなもとのよりよし》・義家《よしいえ》親子は、塩原に八幡《はちまん》神社を建て、八幡大神を招く式典をしようとした時だったと。

四方に竹を挿《さ》して、しめ縄をはるために、義家は家来に竹を探させたと。

遠くまで一日がかりで探しても見っかんねかった。

仕方なく式典を一日伸ばすことにしたと。

次の日のことだった。

「殿様、竹、竹がございます。あれ、あそこに」

義家が家来の指さす方を見っと、昨日の杉の木立の中にみごとな竹林ができてるんだと。

さっそく、その竹を使って式典を済ませた義家は、社《やしろ》に八幡大神をまつり、深く感謝の念を表したと。そして、また京の都に帰って行ったと。

それから後も、八幡神社の境内には、竹林が残っているけどが、不思議なことに誰一人として、ここで筍《たけのこ》を見た人はいねえんだと。

一夜のうちに筍から竹に変わっちまうと言われてるんだと。

これもな、八幡大神様がそうするのかも知んねえなあ。

塩原の里人は八幡様と言って、その後もお参りを欠かさねかったと。

そして、境内にあるその竹林を誰言うとなく一夜竹と呼んで大切にしてるんだと。

おしまい

（再話／佐藤峰子）

◆参考文献／「しおばらの民話と伝説」塩原町教育委員会／ふるさと運動実行委員会／塩原小学校社会クラブ［編］

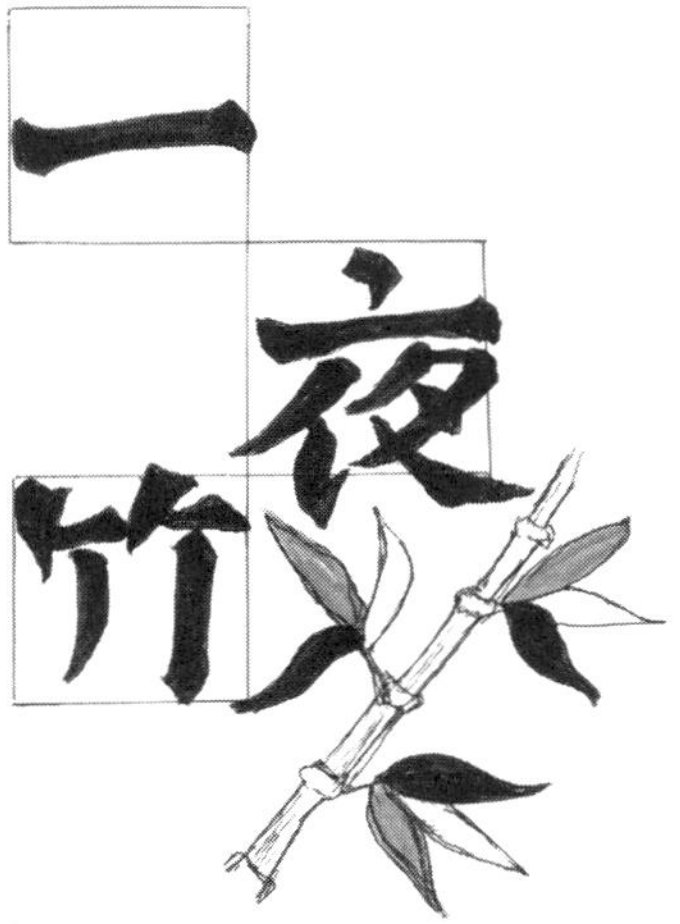

塩《しお》原《ばら》七《なな》不《ふ》思《し》議《ぎ》

三、四、五、六〈中塩原・新湯・塩釜〉

三　精進川

むかしから箒川には魚がいっぱいいたから釣り人にはとても人気があったと。どだなちっちゃな川でも、沢でも、マスやイワナが泳いでいたと。

村の人らは、この川の魚を大切に食ったんだと。うまいからと言ってむやみにとることは決してしなかったと。ほだげんとが、不思議なことに、木の葉化石の前を流れる川には、一匹の魚のかげを見ることもねえんだと。村の人らは、この川にも魚がすみつくようにと何度も魚をいっぱい放流したんだけどが、ついに一匹の魚もすみつくことはねかったんだと。そうだもんだから、誰言うとなく　この川を精進川と呼ぶようになったんだと。

四　新湯《あらゆ》の夫婦烏《めおとからす》

新湯は、今でも山肌から硫黄の煙がもくもくと出て、生きものが住みにくいつうのに、いっつも、まるで夫婦のように、鳥が二羽でいるんだと。

五　甘湯沢《あまゆさわ》の冬の桃

小太郎が渕の上の方にある甘湯沢では、冬でも、桃の花が咲くんだと。
また、霜が降りてから熟す種類の桃、寒中に実をつけたことから「冬の石桃」と言われる説もあるんだと。

六　八幡神社の冬の蓼《たで》

蓼食う虫も好《す》き好《ず》きなんて言われる、あの蓼な、普通は、夏から秋にかけて咲くんだけどが、ここでは何でか、冬に咲いているんだと。

おしまい

（再話／佐藤峰子）

◈参考文献／「しおばらの民話と伝説」塩原町教育委員会／ふるさと運動実行委員会／塩原小学校社会クラブ［編］
◈資料提供者／千葉昭彦

お地蔵《じぞう》さまと雪女《ゆきおんな》

〈中塩原〉

むかしむかし、あったど。塩原の村に、太郎べーという若者がいた。

山深いとこに、おっ母と二人で暮らしていたと。ある寒い朝、雪がしんしんと降る日に、太郎べーは蓑笠《みのがさ》つけて、でっかい藁《わら》の源平靴《げんぺいぐつ》はいて、「おっ母、おら、行ってくるべ」と出かけたと。風呂敷しょって、温泉がいっぺい出ている里に、わくわくしながら行ったと。

里に来てみれば、見るもの、聞くもの、珍しもんばっかりだった。

いやー眼《まな》ぐが飛び出るほどのにぎやかさだったと。買い物なんかすっかり忘れて、裸踊《はだかおど》りだの、若い娘《おなご》のお酌《しゃく》なんか受けて、太郎べーはすっかり日が暮れるのも気が付かねえで、遊びに夢中になっていたと。

「あれまあ、こだな時間になっちまった、早く帰んねばおっ母が待ってるべ」と、大事な買い物もそこそこに、でっかい風呂敷にちいとばっかし買った物入れて、帰り路についた。もう、日はとっぷりと暮れて、薄暗くなっていた。

雪は益々ひどくなって、ビュービューと吹雪になってきた。太郎べーめがけて、まるで妖怪《ようかい》みでえに、でっかい雪が顔にへばりつき、叩きつけてくる。寒さが、体中にじんじんとしみ込んでくる。「ああー、遊ばねで、早く帰ればえがったなあ」とよめえごとを言いながら、帰り道を急いだ。

半路《はんみち》ほど来た時だった、吹雪の中さ、遠くぽつんと灯《あか》りが見えた。それは、お地蔵様のロウソクの灯りだった。そこは、大むかしのこと、悪りい殿様がいて、村人を馬に載せて、首切りをしたところで、亡霊が出るからとその供養に建てたお地蔵様だったと。今は、「はしろうじ」と言うんだと。

そうとは知らず太郎べーは、お地蔵様の小屋ン中に入《はい》り、疲れと寒さで土間《どま》に横になると、ぐっすりと寝込んじまった。一時《いっとき》も過ぎたんべか、なんか重苦しくって、冷《ひ》やっこいものが、体にのしかかり、いくら右手で払っても、左手で投げてものしかかってくんだと。「助けてー」と声を出しても声にはなんねべ、益々重苦しく白いものがのしかかって寄ってくるんだと。必死で、でっかい声を張り上げてみた。

「おっ母ー　助けてくろー」と言うと、すーと白いものが立ち去り、煙の如く、ふわりと振り向きもせずに、遠くへ行ってしまったんだと。

ふっと気が付いた時には、お地蔵様がニコニコしながら側《そば》に座っていたんだと。

太郎べーはぶったまげて、腰が抜けそうだった。やっとの思いで、家に帰ってきた。「おっ母、勘弁《かんべん》してくろー」と謝《あやま》りながら、今までのことを体を震《ふる》わせながら一部始終《いちぶしじゅう》おっ母に話したんだと。

すると、おっ母が言ったと。「それは、雪女だ、お地蔵さまに可愛がられた雪女で、おめえを助けてくれたんだべ」

と不思議な顔もしねえで、太郎べーに言ったんだと。

おしまい

（採話／君島栄七）

＊眼《まな》く（目だま）
＊よめいごと（悔やまれること・ぐち）

片葉《かたは》の葦《あし》

塩原七不思議　七〈古町〉

むかしむかし、今の古町と中塩原の境の辺りは、葦がうっそうと生い茂った沼沢地《ぬまさわち》だったと。ある時、旅の若い坊さまがやって来て、しばらく眺めていたけどがやがて、そこにちっちゃな庵《いおり》こしゃってな、住み着いたんだと。

坊さまは、毎日毎日、南無阿弥陀仏《なむあみだぶつ》、ナムアミダブツとお経《きょう》を唱《とな》えながら、コツコツコツコツと阿弥陀仏《あみだぶつ》さま彫《ほ》ってたと。ある、月夜のこと、どこからともねぐ、うっとりとする葦笛《あしぶえ》の音《ね》が聞こえてきたと。おやっと思った坊さまは、手を休め、顔をあげて辺りを見回すと、坊さまからちっと離れた、葦の蔭に、美しい娘が立って、じっと坊さまを見つめていた。そして、また美しい音色の葦笛を吹いたと。だけどが、坊様は何事もねがったように、また、阿弥陀仏様に向かってお経を唱えながら、コツコツコツコツと彫り続けたと。

次の晩も、同じ時間に、同じとこに立って、娘は葦笛を吹いた。が、坊様は、ちょっと顔を挙《あ》げただけで、阿弥陀仏様彫る手は休めなかったと。

若い坊さまに思いを寄せる娘は、月夜ごとに、幾晩《いくばん》も幾晩も葦笛を吹いたと。だけどが、坊様は、決して顔をあげることも、阿弥陀仏様彫る手も休めることはねがった。自分が、仏に仕える身だってことをわきまえていたんだなあ。

夏も過ぎたある月夜のこと、いつものように、娘はいつもの所に立っていたが、その晩は、葦笛の音は聞こえねえで、娘の目からツーっと一筋の涙が、月の明かりに光ったように見えたんだと。それっきり、娘の姿は見えなくなった。だけどが、不思議なことに、坊さまを慕う娘の気持ちは、その辺り一帯の葦の葉っぱに表れるようになったんだと。この辺りに生える葦は、初めは両葉あるんだけどが、七月も半ば過ぎるころになると、みんな片葉になっちまうんだと。

この悲しい片恋いの伝説は、塩原の詩人だった泉漾太郎先生の歌に詠われて、歌碑となってあるんだよ。

月に宿かす　片葉の葦の　葉にも涙の露が浮く

おしまい

（再話／佐藤峰子）

◆参考文献／「しおばらの民話と伝説」塩原町教育委員会／ふるさと運動実行委員会／塩原小学校社会クラブ［編］

源《げん》三《ざん》窟《くつ》〈古町〉

今から八百年くれえ前の話だ。

塩原の村に通じる険しい道を数人の侍が急いでいたと。

「おう、あれが塩原の里か、とうとう着いたなあ」若え侍が、ふもとの方を見下ろしながらつぶやいたと。

疲れ切ったその顔には安らぎの色がうかがえた。

この若侍は、源三位《げんざんみ》頼政《よりまさ》の孫、源《みなもとの》有綱《ありつな》だった。

当時、源氏の大将、源《みなもとの》頼朝《よりとも》と義経《よしつね》兄弟は仲が悪かったからな。

それで、義経の娘むこになっていた有綱は、頼朝に追われる身となっていたと。

都で、頼朝の兵から逃げ隠れしているうちに有綱と義経は、はなればなれになっちまった。有綱は頼朝におわれ一族は皆殺しの目に会ったげっとが有綱と数人の家来は、運よくのがれっことができたと。その後、義経が奥州へのがれたことを知った有綱は家来と共に後をおったんだな。ほんだげっとが、頼朝の追跡がきびしくって、とても奥州まで逃れることはできねえと考えた有綱は、かつて兄弟や叔父たちがたどったと言う塩原に来《く》っことにしたと。ふもとの里についた頃には、夏の日もとっぷりと暮れてしまった。有綱は、夜明けを待って、塩原要害城《ようがいじょう》の城主、塩原八郎家忠《はちろういえただ》を訪ねて事のいきさつを話した。家忠は、よーくと話を聞いて、「有名な頼政公の御一族がこんな山深い村まで落ち延びてこられッとはお気の毒なことだ。格別なおもてなしはできねえけどが、どうか安心しておこれ」と温かく迎えてくれたと。そして、八幡神社の境内に住まいを建ててくれた。館《やかた》のたっている高台を村人たちは御殿山《ごてんやま》と呼ぶようになって、村人の中には米や野菜を届けてくれる者もいたと。

しかし、幸せな生活はそうは長く続かねかったんだよ。

有綱が塩原に来てから二度目の正月が過ぎたころ、頼朝方の大軍がせめて来《く》っことを察した家来たちは「殿、さっそく家忠殿にお願いして、仕掛けづくりなどしましょう」と、口々に言った。雪の庭に向かい、じっと目を閉じて聞いていた有綱は、

「皆の者、よく聞いてくれ、私はここを出ようと思う」と言った。

一度は防げても相手は頼朝、どんな手段《しゅだん》に出っかわかんね、今まで親身《しんみ》になって、もてな

してくれた家忠殿にこれ以上迷惑かけらんねーと思ったんだな。

「ほんじゃどうしますか」

「ここから五町ほど行ったところに洞穴《ほらあな》がある。そこへ行こうと思う」

「ほんじゃ一刻も早く」家忠に今までの御礼と、今の気持ちを手紙に書いて慌ただしく身支度をして出発した。

洞穴は高台にあって、下からは見えづらくてな、中は一年中同じ温度で思ったより住みよかったと。

有綱に心を寄せていた人らは、きびしい追っ手の目をぬすんでは、食料などを運んでくれる者もいたと。ほんだげっと、この洞穴も安住の地となることはできねかったと。頼朝の追手があきらめかけていたときだった。洞穴の下の方を捜していた追っ手の一人が、小川に流れる変わったものを見つけた。

「おい、あの白いものは何だ?」近づいて、手ですくってみっと

「これは、米のとぎしるだぞ」

「家もねえのにおかしいぞ、近くに人がいるにちがいねえ、さがせ」

今では、「米あらいの滝」といわれている、洞穴の入り口にかかっている滝で米をといでいたことが命取りになっちまった。

有綱と家来は、御殿山のふもとの川原で自害させられたと。

家忠は深くあわれみ、高台の眺めの良いところに、有綱を葬《ほうむ》り墓印《はかじるし》に杉の木を植えたと。

村人は有綱公がご他界なされた地という事から、この辺りをゴタカイチと言うようになり、今では小田《こた》が市《いち》と呼ばれているんだ。

洞穴は今では「源三窟《げんざんくつ》」と呼ばれて、塩原の名所になってるんだよ。

墓のわきに、有綱神社と言うほこらがあって、その高台のふもと辺りを明神下《みょうじんした》といい、そこにかかる橋を、明神《みょうじん》橋と呼んでいるのもそのなごりなんだんべな。

おしまい

（再話／五味渕薫）

◈参考文献／「しおばらの民話と伝説」塩原町教育委員会／ふるさと運動実行委員会／塩原小学校社会クラブ［編］

飲兵衛与助《のんべえよすけ》さん〈門前〉

むかしむかし、三度の飯よりも酒が好きでよ、朝から晩まで、ろくに飯も食わねえで、酒ばっかし飲んでた、日雇いの与助さんつう人がいたんだと。

ほうだもんだから、とうとう体悪りくなってなあ、若くして死んじまった。

村の手えらは、妙雲寺の墓地に埋めてやっぺとして、山門までがんばこを運んできたんだけどが、厳しいお寺の掟《おきて》で「葷酒山門《くんしゅさんもん》に入《い》るを許さず」と言われてな。

与助さんの遺体は死んでからも酒臭《くさ》くて山門を通ることは許されねがったと。

村の手えらは仕方ねぐ、寺の外に埋葬《まいそう》したんだと。

この話を耳にした福渡《ふくわた》の和泉屋《いずみや》旅館の八代目当主の太平さんが、酒好きな与助さんを気の毒に思ってな、墓石を建てて弔《とむら》ってやったんだと。その墓石は何とも風流な形で、与助さんが、あの世でも酒を飲むのに不自由しねえようにと、五升徳利《ごしょうとっくり》に盃《さかずき》を乗せたご膳《ぜん》の墓石で、戒名《かいみょう》は「呑空禅定門《どんくうぜんじょうもん》」そして墓石には、太平さん（桃林舎枕石《とうりんしゃちんせき》）の狂歌《きょうか》が刻まれているんだよ。

『世を早く　逃《のが》れたる人ぞ　徳利《とくり》なれ　今は浄土《じょうど》で　後生《ごしょう》らく飲み』

若くして亡くなった与助さんは　徳利は徳と、とっくりをかけてる　浄土ではあの世で後生と五升を楽に飲んでると、飲むだけという序詞《じょし》の・のみを掛けている。

与助さんがあの世で楽しく酒を飲んでる姿が目に浮かぶようだな。

今でも、妙雲寺の山門の階段の手前にでーんとあるんだよ。

おしまい

（再話／君島美代子）

◆資料提供者／佐川利喜雄

小《こ》太《た》郎《ろう》が渕《ふち》〈塩釜〉

むかしむかし　ずっとむかしのことだ。

出湯湧《いでゆわ》く塩原温泉、上塩原という所に要害城《ようがいじょう》という、お城があった。

自然の地形を利用したお堀は、川がざあざあと流れ、城の石垣はでっかい岩盤などを利用してたから、豪族《ごうぞく》があっちこっちから攻《せ》めてきても、中々攻めきれなかったと。

お城には小山刑部《こやまぎょうぶ》という殿様がいたと。

その倅《せがれ》が小太郎といって、御齢《おんとし》十八という若殿様であった。

家老である大島五郎右衛門《おおしまごろううえもん》の娘玉姫《たまひめ》と小太郎は、年頃になり人目を忍んでは互いに合うようになったと。

家来たちも、村のてえらも後で夫婦にでもなんだんべと言ってたと。

ところが、殿様は、業突《ごうつ》く張りでけちんぼ。村人から明日食う米もねぐなるほど、年貢《ねんぐ》をいっぱい取り立てていたと。村のてえらはよくよく困り果てた。

そこで、家老が、村人のためにと、殿様を桜の宴《えん》に誘い出して、飲めや歌えやといいご機《き》嫌《げん》にさせて、あっという間に殿様を切り殺してしまった。

小太郎は、その場にいたけどが、どうすっこともできねかった。

その後、家来からも、村の手えらからも人望があった小太郎が、殿様になったけどが、収まらなかったのは、小太郎の胸の内だ。父を殺された恨みは深く心に残ってどうすることもできねえで悶々《もんもん》としてた。

玉姫は「父を殺してください」と言った。

小太郎は、「義《ぎ》を見てせざるは勇無《ゆうな》きなり」と親の仇《かたき》を打つことにした。

時は晩秋、畑下《はたおり》の富士山《ふじやま》に紅葉《もみじ》の宴《えん》をもうけ、家老《かろう》を招いた。

飲めや歌えやと宴たけなわとなったそのすきに、家老めがけて、一振り二振りと切りかかったけどが、大勢の家来に立ちふさがれ、無残にも深い傷を負っちまった。

小太郎は、もはやこれまでと、甘湯沢《あまゆざわ》に逃げ込み、深い渕の中に身を投げたと。

後を追うように玉姫も身を投げた。

それから誰言うとなしに、その渕を「小太郎が渕」と呼ぶようになったということだ。

今では、塩原の名所となり人々の憩《いこ》いの場となっているんだよ。

おしまい

（再話／渡辺喜代子）

◈参考文献／「しおばらの民話と伝説」塩原町教育委員会／ふるさと運動実行委員会／塩原小学校社会クラブ［編］

塩原高尾太夫《しおばらたかおだゆう》〈塩釜〉

むかし、江戸の遊廓《ゆうかく》、吉原《よしわら》に三浦屋という、遊女屋《ゆうじょ》があったと。

そこには、代々高尾太夫が十一代までおって、その二代目高尾はなんとこの塩原の元湯生まれの娘だったと言うから聞いておくんなんしょ。

ある時、妙雲寺《みょううんじ》の和尚《おしょう》さんと茗荷屋《みょうがや》の主人《あるじ》と和泉屋《いずみや》の主人は村を代表して、日光の東照宮にお参りに行ったと。その途中でのことだった。ある旅籠《はたご》に泊まった時、相部屋となったのが、勘解由《かげゆ》という男だった。勘解由はよ、自分は京の都で、ささいな事から口論となって、仲間を切りつけてしまった。それで追われる身となって、この下野《しもつけ》のくにまで、流れ着いたのだと、みんなに喋《しゃべ》ったんだと。

これを聞いた三人はよ「これは、あの元湯《もとゆ》のおはるの婿《むこ》さまにぴったんこだんべや」と言うことになって、勘解由を連れて帰り、おはると夫婦《めおと》にした。

その、二人の間に生まれた女の子、塩原の山々が美しい紅葉《もみじ》に染まった頃だったので、和尚さんがあきと名づけて下された。あきは、ほんにめんごかったと。「いやいやこれは、元《もと》湯小町《ゆこまち》になんべぞ」とみんなして喜んだと。

あきが五つになった時だった、一家は元湯から塩釜に移り住んだ。

「いやー　侍だった勘解由もな、角兵衛《かくべえ》と名を改め、この山里の暮らしにすっかり馴染《なじ》んではあ、えがった、えがった」と誰もが安堵《あんど》したその矢先のことだった。

ある朝、おはるが目覚めてみっと勘解由の姿がみあたらねえ。「かあちゃん、父《とと》さんの刀がねえぞ」ってあきも泣きべそかきながら、みんなして辺り近所捜した。

だけどが、勘解由はそれっきり帰ってはこねがった。

残された二人の暮らしは、それは容易ではなかった。だけどが、あきはみんなにかわいがられて育った。特に和泉屋の太平さんは「あきは賢《かしこ》い、賢い」と言って文字を教えたと、あきは一を聞いて十を知るの進歩だったと。

それからあきは暮らしの足しにと、けなげにも、旅館で座敷周りをして駄賃《だちん》稼ぎもしたと。

あきが八つになったある時だった、茗荷屋に水戸からの湯治客《とうじきゃく》がやってきた。

その人は、常陸屋清兵衛《ひたちやせいべえ》といって遊女屋の大旦那さまだった。

その常陸屋が座敷回りをしていた、あきに目を留めて「なんとまあ見目麗しい子じゃー、こんな山奥でのう、よく気の利く子じゃー」「これご主人どの、あの子じゃが、この土地の者かえ？」「は、そうで御座りますが、何か粗相《そそう》でも？」「いやいや、どうじゃろう、あの娘を江戸の三浦屋にお世話したいのじゃが」と声をかけた。

「はー　あの三浦屋様にですか？」

「さよう、三浦屋ではのう、金銀財宝は有り余るほどあるというのに、子宝にめぐまれませんでのう」と話された。

「うーむ　あきにとっては願ってもない幸運な話だ」と、あきは江戸へと向かうことになった。

一方、江戸の三浦屋では書状を読んで「なになに、稀《まれ》に見る容姿端麗《ようしたんれい》などとあるが……ううん、必ずや養女に迎える事、断じて遊女にしてはならぬじゃと？　まったく、あのような塩原の山育ちの小娘が、この華のお江戸で通用するとでも思うておるのか、ううん……実の父親が現れて悶着《もんちゃく》の砌《みぎり》には直《ただ》ちに塩原に帰せだと、ああ……すぐにでも帰してやるわい」

なんて、鼻からあてにはしてなかった。

ところが、そのあきを迎えて幾日も経たぬうちに、三浦屋の夫婦はあきの虜《とりこ》になっちまった。「この生まれながらの美貌《びぼう》といい、気性《きしょう》は、なんとすばらしい」と、膝をたたいて喜んだ。そして、あきの養育のためには金銭を惜しまず身支度をしてやり、女芸百般《じょげいひゃっぱん》の養育に務めたと。そだもんだから、出入りの者たちは「あの子は三浦屋さんの隠し子だと、そうでなければあそこまではできねえよ、実の子であればこそあのように愛《いと》しんで、躾《しつけ》にも身を入れるんだよ」なんて陰口をたたく者もいたと。

おかげで、あきは三浦屋のいかなる席へ出しても他にひけをとらぬ成長振りだった。時は明暦《めいれき》三年正月十八日、あきは十五歳になっていた。「今の世にまで伝わる江戸の振袖火事《ふりそでかじ》。あきの住む吉原も全焼、三浦屋では幸いなことに親子三人は無事だったものの遊女たちや家財のほとんどが焼けてしまったと。

あきは、「三浦屋も遊女不足、この一大事にこそ今まで養育していただいた恩に報いたいのです」と遊女は断じてならぬという養父母の反対を押し切って太夫となり働いた。あきのけん命な働きの甲斐《かい》もあって三浦屋は繁盛《はんじょう》して、誰もが羨《うらや》むほどに再興《さいこう》したと。ところがあきは、身を尽くして働きすぎて労咳《ろうがい》を患《わずら》ってしまった。

あきの容態が思わしくないと言う便りが塩原の里に届き、和尚さんが見舞って下された。

「和尚様《おしょうさま》うれしゅうございます」と枕もとの和尚さんにあきは語りかけた。

「和尚様、私は、ふるさとの皆様に形見分けをしとうございます」

「なに？　形見じゃと。形見は気が早かろう、みやげじゃろうよ」

「はい。和尚様には私が太夫の頃に毎日身に付けていた内掛《うちが》けでございます。

「『いろは・もみじ』は、私の紋所《もんどころ》でございます」

「ほほう、このような豪華《ごうか》なものを寺にのう」

「それからこれは将軍様の御前で舞を舞った折に中国の方からいただいた飾り皿でございます。瀬戸物好きの茗荷屋のおじいさまに」

「和泉屋のおじいさまには私が文字と言うものを教えていただきましたお礼に私の拙《つたな》いながら短冊でございます」「ほほうそれぞれに適《かな》った品々ありがたくいただこうぞ。茗荷屋も和泉屋もさぞ喜ばれるであろうぞ」

「ふーむ、この短冊は『寒風《さむかぜ》に　もろくもくつる　もみじかな』これはあき、そなたの句かえ？」「はい、辞世《じせい》のつもりでございます」

「やれやれ気の早い子じゃ……」

「のう、あきや　そなたのふるさとの　いろは紅葉はのう、散って土にまみれてもその色を変えぬ。おのれの跡目《あとめ》への手本になるつもりじゃろう。だからあきよ、紅葉は春になるとよみがえるぞよ」と言って、和尚さんは、あきを励まされた。

だけどが、あきはよみがえることはなかった。

十九歳にして辞世の句を残して亡くなってしまった。

この辞世の句は、妙雲寺の中に句碑となってあるんだ。

塩原高尾を恋人と申してはばからなかった塩原の詩人泉漾太郎さんの「いろは紅葉は　塩原高尾　笑顔かよわす紋所《もんどころ》」という歌と一緒に碑となってあるんだよ。

おしまい

（再話／佐藤峰子）

◈参考文献／「いろは紅葉」泉漾太郎［著］

普《ふ》門《もん》渕《ぶち》〈畑下〉

塩原温泉は元湯生まれの名妓《めいぎ》高尾太夫《たかおたゆう》（幼名あき）には、門太《もんた》という弟がいたと。門太は、ちっちゃえ頃から絵が好きでな、物心がついてからはよ、妙雲寺の釈迦像《しゃかぞう》を夢中になって描《か》いてたんだと。そうして宇都宮城下の藤井普舟《ふじいふしゅう》の弟子になると、師匠の画法を学び、妙技を習得すると、普門と名乗ったと。

普門の描く絵は、雄大で勢いがよくて、力強くよどみのねえ絵だったと。その後、諸国をまわり有名なお寺などを訪れては、釈迦像を写し、ついには釈迦涅槃像《しゃかねはんぞう》を描くことにおいて名人と讃《たた》えられるようになったと。

何年かして塩原に帰ってきた普門を妙雲寺の和尚さんが訪ねたと。

「いやー、立派になって、はあ、えがったなあ。普門とな、うう……立派な名じゃ。普門や、お前さんは、わしらの誇りじゃよ」と言って、和尚さんは普門に妙雲寺にも釈迦涅槃像を描いてほしいと頼んだと。

和尚さんの頼みを喜んで受けた普門だったがよ、何日経っても下絵すら描いている様子がねかったと。和尚さんは「これは如何《どう》したことじゃ」と普門を訪ねて、よくよく説い正《ただ》すと、角屋《かどや》の娘、お芳と恋仲になり、絵筆もとれねえありさまだったと。

和尚さんは、たまげたが憐れに思ってな、普門を戒《いまし》めたと。

話を終えた和尚さんは、その足で角屋に行って、お芳に話したと。

「なあ、お芳さんよ、名人と讃えられた普門の名が、このままでは地に落ちてしまうじゃろう、おまえさんが、本当に普門をだいじに思うならば、しばらくの間、身を隠してはくれまいか」と静かに諭《さと》したと。お芳は、和尚さんの話を聞いて、さめざめと泣きながら、「私が悪うございました。和尚さんの言われるとおりにいたします」と普門のそばを離れることを和尚さんに約束したと。

わが身の罪深さを悔やんだお芳は、普門の絵の完成を祈りながら、箒川の渕に身を投げてしまったんだと。

それを知った普門は、悲しみを抑え、夜昼となく一心不乱に絵を描き続け、ついに釈迦涅槃像を描きあげた。完成したその絵を和尚さんに渡すと、その夜お芳の後を追うように普門もまた同じ渕に身を投げっちまったと。

村の人らは、不憫《ふびん》な二人を思い、だれ言うとなく、この渕を普門渕《ふもんぶち》と呼ぶようになったんだと。

絶筆《ぜっぴつ》となった普門の釈迦涅槃像は、見るからに荘厳《そうごん》で躍動感《やくどうかん》みなぎる絵だと。

今も塩原の妙雲寺《みょううんじ》に残っており、毎年二月十五日のお釈迦様の涅槃の日に開帳され、御詠歌の会でお涅槃を唱えて居るんだと。

おしまい

（再話／佐藤峰子）

◆資料提供者／杉山岳人

65　普門渕〈畑下〉

野《の》口《ぐち》雨《う》情《じょう》とアカショウビン〈福渡〉

むかし、大正十年の頃だったと。塩原温泉の福渡《ふくわた》に田代一郎つう少年がいたと。

この、一郎が旧制の大田原中学生の時だった。

ある時、一郎は、「全国中学校文芸コンクール」があるから、出してみないかと校長先生に言われて出したんだと。それが、なんと一等賞になった。

一郎の書いた詩は「魚釣りじいさん」っていう題だった。

一匹釣れた　また釣れた　じいさん寒かろ　ホイ川ん中
一匹焼けた　また焼けた　じいさんうまかろ　ホイ小屋ん中

何とも　調子のいい詩だんべ、一郎は、幼いときから、箒川のほとりで育ったからなあ、魚釣りの爺さんたちを見てたんだべな。

この時の審査委員長が、あの、七つの子や、シャボン玉　赤い靴など　誰でも知ってる歌をいっぱい作った作詞家の野口雨情だった。

それで、一郎は、東京まで汽車に乗って、雨情先生にお礼に行ったんだと。

一郎の家は福渡の旅館だったもんだから、雨情は、度々泊りに来るようになった。

雨情は、先生と呼ばれるのを嫌って、「おじさん」と呼ぶようにと言ったと。

そして一郎のことは、「ぼうや」と呼んで、泊まりに来っと、いつも枕を並べて寝たんだと。

ある日のこと、一郎は、朝早くまだ薄暗いころ、「坊や　坊や　今鳴いている鳥はなんでやんしょ」と起こされた。『キョロロー　キョロロー　キョロロローン』と　箒川一帯に響き渡るような鳴き声だったと。一郎は、寝ぼけ眼《まなこ》で「あれは　川千鳥《かわちどり》です」と答えるとまた蒲団《ふとん》かぶって眠っちまった。

すると、朝になって、「こんないい歌ができやんしたよ」と見せられた。

『誰《たれ》と　別《わか》れか　福渡《ふくわた》あたり　啼《な》いて夜半《よは》ゆく　川千鳥《かわちどり》』

さあ、一郎はたまげた「ああ　どうしたらよかんべ　川千鳥なんて　とっさにでたらめ言っちまって」雨情が帰ってから、一郎は、鳥の専門家のところさ行って、聞いたと。「こ

の辺《あたり》に　川千鳥なんて鳥は、いねよ、あれは『アカショウビン』つう鳥だよ」と言われた。あわてて、一郎は、お詫びの手紙を書いて、雨情に出したら、「川千鳥は渡り鳥かも知れませんから、塩原へ湯治に行くこともありやんしょ」と言う、なんとも微笑《ほほえ》ましい返事が返ってきたんだと。

この　アカショウビンのむかし話があるから、聞いておこれな。

むかしむかし、ある所に、おっかさまと娘、二人で暮らしていたと。その娘は年頃になるとはあ、おしゃらくばっかしして、赤い着物着て、しゃなりしゃなりしてたと。

ある日　おっか様が病に倒れて、寝込んじまったと。寝床から娘を呼ばって、「水くろー　水くろー」って、苦しそうに言うんだと。

娘は、鏡に向かってお化粧してた。「待って　今行くから」おっかさまが「水　水くろー」って、苦しそうに呼んでいるのに、娘は「今行くってば」って言いながら、鏡に向かってぺたぺたお化粧してた。

そのうち、おっか様の声がしねくなった。はっとした娘、寝床に行ってみたらば、おっかさまは、もう息を引きとっていたんだと。

それから、その娘な、真っ赤な、鳥になっちまったんだと。
アカショウビンになってな、「水くろー　水くろー」って川辺を飛んでいんだと。
今でも、五、六月ごろになっと、塩原にも飛んでくんだよ。

おしまい

（再話／佐藤峰子）

◆参考文献／「野口雨情回想」泉漾太郎［著］

爪《つめ》描《か》き不《ふ》動《どう》〈福渡〉

塩原の福渡《ふくわた》には温泉がいっぱいあるんだよ。

岩《いわ》の湯・不動の湯という野天風呂から、ちっと奥の所にあるでっかい岩が、がけからのぞいてるようだと。

その表面の岩盤に不動尊《ふどうそん》の浮彫《うきぼり》が見える。

弘法大師の伝説は日本中いたる所にあるけどが、この塩原にも、猿岩《さるいわ》、材木岩《ざいもくいわ》、天狗岩《てんぐいわ》、猿臂《えんぴ》の滝など、いっぱいあんだよ。

そのむかし、大師さまがこの沢の山道を歩いていた時、一面の静けさと、見事な景色の美しさに、しばらく足を止められたと。この景色を何とかして、後世に伝えたい。残しておきたいものだと思われたと。あいにく、書く物はなにもねかった。

そこで、大師さまは、心をこめて、岩に爪で不動尊を描いたと言われてるんだ。

大師さまの徳《とく》の深さが、この堅《かた》い岩に、みごとな不動明王《ふどうみょうおう》の一体を刻みこんだと。

それから、誰言うとなく、この大岩を「爪書き不動」と言い、清い流れとせせらぎの音を響かせているこのあたり一帯を、不動沢と呼ぶようになったと。

真夏でもさわ風が、散策する人々の汗ばんだ肌を冷たくぬぐってくれるんだと。

おしまい

（再話／佐藤峰子）

◆参考文献／「しおばらの民話と伝説」塩原町教育委員会／ふるさと運動実行委員会／塩原小学校社会クラブ［編］

材木岩《ざいもくいわ》〈夕の原〉

むかしの塩原街道はなあ、人や馬がやっと通れるほどの細い道が山肌にへばりついているようだったと。ある時、弘法大師《こうぼうだいし》さまが、この塩原街道を通られた時だったと。猿岩《さるいわ》の猿をこらしめ、お供を連れてさらに進んできたと。

箒川《ほうきかわ》の渓谷《けいこく》を眺《なが》めながら思わず足を留めた。瑠璃色《るりいろ》に澄んでいる稚児《ちご》が渕《ふち》、真っ白い布が垂《た》れているような水瀑《すいばく》の布滝《ぬのたき》、その美しさに目を奪われた大師は、布滝の近くに庵《いおり》を作ろうと思って、大工に材木を集めさせたと。ちょうどその頃、この辺《あたり》一帯で悪さをしているアマノジャクがいることを耳にしていた大師は「庵を作るのは一晩だけじゃぞ、そうしないとアマノジャクがなにをするか分かんねえからな。一番鳥が鳴くまでに完成させるのじゃ」と大工に命じたと。この話をこっそりぬすみ聞いたアマノジャクは、いたずらしてやろうと山のてっぺんに登って、未だ夜中だと言うのに、コケコッコー」とひと鳴きしたと。

それを聞いた里の鶏たちは、我先にと時を告げるひと鳴きが始まったと。

あっちからコケコッコー　こっちからコケコッコー　コケコッコー　里人は周《まわ》りの騒々《そうぞう》しさに目を覚ましたが、何が起きてるのかさっぱりわかんねかったと。

これには大師さまも大工もびっくり仰天。「もう、一番鳥は鳴いてしまった、アマノジャクがきっとくるに違いない」と思った大師さまは、庵を作るのに集めた材木を、そっくり立てかけたまま「エイ！」と錫杖《しゃくじょう》をふり、石にしてしまったと。

今でも、材木岩はきちんと並んで竜化《りゅうか》の滝入口辺りにいっぱいあんだよ。

おしまい

（再話／佐藤峰子）

＊材木岩　柱状《ちゅうじょう》節理《せつり》岩《がん》と言って、マグマが冷却《れいきゃく》固結《こけつ》する時に生じる柱状の割れ目

◈参考文献／「しおばらの民話と伝説」塩原町教育委員会／ふるさと運動実行委員会／塩原小学校社会クラブ［編］

稚児《ちご》が渕《ふち》〈夕の原〉

むかしのこった、塩原温泉に旅の坊さまが、めんごい稚児《ちご》をつれて、湯治《とうじ》にやってきたと。しばらくすっと、もう一人の稚児が二人を訪ねてやってきた。すっと、どういうわけか、坊さまは、前からいた稚児をちっとも可愛がらずに後からきた稚児ばっかり可愛がったと。前からいた稚児は、たいそう悲しんで、箒川《ほうきかわ》に身を投げて死んでしまったと。

恨《うら》みをのんで死んだ稚児の執念《しゅうねん》は恐ろしい大蛇《だいじゃ》となって世を憎み、人をのろって復讐《ふくしゅう》しようとしたのだが、福渡《ふくわた》に住む、百姓　内蔵丞《くらのじょう》の家に伝わる名刀《めいとう》、三条宗近《ちか》の威力《いりょく》に抑えられて思うように復讐をすることができなかったと。

ある晩のこと、内蔵丞は不思議な夢を見たと。

竜宮城《りゅうぐうじょう》の官女《かんじょ》が出てきて「内蔵丞は馬鹿《ばか》じゃのう、あの渕に願いの品を紙に書いて、投げ込めば何でも手に入るのに知らんのかのう」と言うんだと。

朝起きて、家の者に話すと、どういうことだんべ、家中の者がみんな同じ夢を見たんだと。なんとも不思議な夢合わせだと思った内蔵丞は、「あれまあ　ほんとかなあ、そんじゃ、ちっと書いて投げ込んでみっぺか」となってよ、近く法事があるので、膳《ぜん》やら腕《わん》やら紙に書いて、あの渕に行って投げ込んだ。

翌朝、渕に行ってみっとよ、岩の上にちゃんと願いの品が全部置いてあったんだと。

「あれまあー　ほんとだわ」始めのうちはよ、遠慮《えんりょ》がちに投げ込んでいたがよ、だんだん厚かましくなってな、なんでももかんでも書いて投げ込んで、楽な暮らしするようになったんだと。それからよ、内蔵丞にはもう一つ楽しみがあったと。

それは、渕に行く途中で美しい女に出会うことだった。

これも、始めはよ　遠慮がちにおじぎをする程度だったがよ、やがては渕のほとりにぶちかって語り合うようになったと。

ある時、女が内蔵丞に言った。「内蔵丞さま　あなたがもし　本当に私を愛してくださるなら　あなたの家に伝わる　あの刀　わたしにくださりませ」

「ああ、いいよ　いいよ」と、内蔵丞は家の者に内緒《ないしょ》で刀を持ってきた。

「あいよ」と刀を渡すと女は、さっと刀をうばい　身をひるがえし渕に飛び込んでしまった。

「あっなにをする」と引き留めようとしたが、体中に冷たいものが走って、内蔵丞はその場に倒れてしまった。

ちっとぐれえ　亭主の帰りが遅くても、楽な暮らしができる女房はちっとも心配しなかったが、その日は、お天道様が山の端《はし》に沈んですっかり暗くなっても亭主がかえってこねえ。「あれ、どしたんだべや　なにかあったのかな　ちっと行ってみっぺか」となってな、渕に行って見っと、岩の上に内蔵丞は惚《ほう》けたように、「へっへへへ」と妙な声を立てているだけだったと。

渕からは血なまぐさい風が吹てくる。渕の底を見っと、大蛇が三条宗近の刀に傷ついて、血を吹き出しながらのたうち回っていた。

「あれ　とっつあん」と振り返ってみると、もう、内蔵丞の姿はどこさもなかった。大蛇と一緒に渕にのみ込まれてしまったのか……。

しばらくすっとよ、渕は何事もなかったように　蒼《あお》いあおい水をたたえて静かに流れてた。

それから、この渕を誰言うとなく、稚児が渕と呼ぶようになったと。

おしまい

（再話／中村矩子）

◆参考文献／「しおばらの民話と伝説」塩原町教育委員会／ふるさと運動実行委員会／塩原小学校社会クラブ［編］

猿岩《さるいわ》と猿臂《えんび》の滝〈大網〉

むかし、塩原へ旅するのは大変だったと。

細い獣道《けものみち》のようなところをおそるおそる行くんだと。

右手は今にも崩れ落ちそうなでっかい岩が立ちはだかり、左手下には三十尺を超える箒川の流れと、それはそれは危険なところを一歩いっぽ進んで行ったと。

ある日、弘法大師がお供を連れてその細い道を歩いて行くと、でっかい岩が道をふさいでいたと。

「これは困った、先に進むことができねえ。ふーむ、これはこの辺りに住んでいる猿の仕業にちがいねえな」と弘法大師は、そのでっかい岩の前に静かに座ると、何やら呪文を唱え始めたと。呪文が終わると、立ち上がり、持っていた杖でそのでっかい岩をひと突きしたと。

するとでっかい岩は真っ二つに割れて、一つは右手の山の方に、もう一つは箒川の方に飛んでいったと。

弘法大師は、ようやく通れるようになったと。

すると、右手に飛んで行った岩から、一筋のきれいな水が流れ出てきたと。

それを見た、弘法大師は「あの流れのきれいな水は、岩と化した猿の悲しい涙にちがいない。だが、あの岩が元の猿に戻ったなら、流れは止まるであろう」と言ってそこを立ち去ったと。

ところが、今でもその流れは止まることなく流れ落ちてるんだ。

猿の悲しい涙なのかもしんねえなあ。

その流れは、猿の臂《ひじ》のように見えることから、猿臂《えんび》の滝と言われるようになったと。

今では、でっかい岩をくりぬいて、猿岩トンネルと言われて、車が自由に往来しているんだよ。

おしまい

（再話／室井チカ子）

◆参考文献／「しおばらの民話と伝説」塩原町教育委員会／ふるさと運動実行委員会／塩原小学校社会クラブ［編］

かんかん地蔵様〈関谷〉

関谷から塩原の上り口は、遠く八溝山や筑波山がずーっと見渡せる那須野ヶ原の高台になってる。そこに「かんかん地蔵様」がおられる。

この地蔵様の話すっから聞いとこれ。

昔々、関谷から塩原に行く道は、山沿いを人が馬に荷物をつけて、やっと通れるくれえの険しい山道だった。

ほんだから、皆らは足をくじいただの腰が痛くなっただのケガしたりで大変だった。

片角っつうとこさ、お地蔵様が二人おられた。

通る人らは「旅の無事と、足をお守り下せえ」と祈りながら通ったと。

ある日お地蔵様は
「皆らの無事は守ってやりてえが、ここは前の山しか見えねもんなあ」

「ほだな　もっと見晴らしのいいとこさ行ってみてえなあ」なんて話してたと。

そんな時、三島通庸《みしまみちつね》つう県令《けんれい》（今の県知事）が、この道を車が通れる幅の広い道にしてくれたんだと。

そこで、関谷の人らは
「いつも見守ってくれていたお地蔵様を塩原山の入り口で見晴らしのいいとこさお連れすっぺ」

つうことになって高台におつれした。

「うわ〜　いいとこだなー」「せいせいすんなー」

二人のお地蔵様は、目の前に開けた景色にたまげて、とても喜ばれたと。

「ここなら山の入り口だ、今までよりも、ずーっと　旅人の無事も守ってやれる」と思ったと。

ここに住み着き、毎日まいにち美しい景色に見とれていたと。

道も良くなり、なにかにつけて、御参りに来る人らが増えた。そのうち足だけでなく、何やらかにやらお願するようになった。

あんまり人が多くなったので併《あわ》せて、人力車だの馬車を引く人の足を守ってくださる「足尾《あしお》大神《だいじん》」も祀《まつ》って、ますます関谷の宿場町《しゅくばまち》は栄えたと。

ある年、村に大火があって、何軒もの家が焼けた。村役場も焼けた。

大火のあと、村の人らは相談したと。

「なして、こだことになったんだべなあ。勝手にお地蔵様を引越したから、お地蔵様怒ったんだべかな？」

いろいろ話し合ったすえ、一人は元の片角んとこさ戻してあげたんだと。

二人のお地蔵様はとても喜んだと。

この後は、関谷の宿には災《わざわ》いが無くなったと。

その頃から、誰言うとなく「かんかん地蔵様」と呼ばれるようになったんだと。

お産の御礼参りとか足の痛いのが治ったからと、昔は草鞋《わらじ》や草履《ぞうり》だったけどが、今じゃスニーカーが上がってるんだよ。

今でも、かんかん地蔵様は関谷の宿を高いとっから、見守っていらっしゃるんだよ。

おしまい

（再話／五味渕薫）

◆資料提供者／君島　守

83　かんかん地蔵様〈関谷〉

ケズ見のごほうび〈菅〉

むかし、むかしの話だ。

関谷《せきや》村の菅《すげ》に、うでのいい狩人が住んでいたと。

その名は、菅《すげ》の三太《さんた》というあんちゃんだった。

ある日のこと、大田原の殿様が、「狩をしてみたいものだ、領内に腕のいい狩人はいないか」と家来に言ったと。「殿、おります。関谷村の菅という所に、鉄砲ぶちの名人と言われている、三太という若者がおります」

「それでは、早速その三太とやらに、狩のお供を申しつける」ということになった。ある日のこと、お城の家来が、三太を訪ねてきた。

「この度、殿が狩に来られる。そのお供をいたせ」と言ったと。

それを聞いた三太は「と、とんでもねえ。おらにはとても、お殿様のお供だなんて……」「そう言わずに、三太、殿はな、狩が上手くないんじゃや、よろしく頼むぞ」

しばらくたって、大田原のお城から、殿様と家来たちの行列が菅にやってきた。三太は稗《ひえ》めしでおにぎりをつくり、それを風呂敷《ふろしき》で包んで腰につるし、殿様を案内して山に入った。

ドドン！「殿様！ おみごと！ あたりました」三太は、どの獲物《えもの》も殿様が射止《いと》めたように言ったと。家来たちも三太が殿様と同時に鉄砲を撃ったのを知っていたけどが、「殿、お見事！」と言ったと。そうだもんだから、殿様は大喜びだった。

鉄砲かついで、山を登ったり、下ったり、谷を越えたり、お天道様が真上にくる頃は、もう殿様はくたくただった。「この辺りで、昼飯としよう」と言ったと。

殿さまは、三太の握り飯を見て、「たいそう、うまそうじゃのう、一つくれぬか」と言って、稗めしを、「うまいなあ　うまいなあ」と食べたんだと。

お城に帰ると、早速「稗めしをつくれ」とお付きのものに命じたと。「う〜ん、な、何だこれは、まずいぞ、三太の稗めしとは違うな、三太のは、もっとうまかったぞ」そうなんだよな、山では、腹ペコペコで食ったんだもの、稗めしだって、何食ったってうまかったんだよな。殿様は三太の稗めしが忘れられなくなったと。

それから、幾月かたって、殿様は、「三太の握り飯が食いたいのう」と思いながら、今度は、鴨狩《かもがり》のお供をさせたと。鴨のいる場所に近づくために、中腰になって、そろりそろりと沼に入って行く、三太の後に続いて殿様がかがんでいると、三太が「プスー」っと、屁をしっちまった。「うう……三太、臭いぞ！」あまりの臭さに殿様は大声で言ったと。「シッ、静かに、鴨がにげるだ」と、手を振ったら、なんと、三太の手が殿様の頭をぴしゃッとひっぱたいてしまった。「無礼者！」と家来が三太を怒った。「シッ、静かに！　鴨が逃《に》げるぞ」今度は殿様が家来を怒ったと。

ゾロゾロゾロゾロ、沼地に近づいた。「殿様、今だ」ドドドーン、と同時にドドンと三太が撃った。「殿様、お見事です」と三太が言った。

殿様は上機嫌。「三太、お前にほうびをつかわす。ここから尻見《けつみ》をいたせ。尻見で見える山をおまえにつかわす」と言ったと。三太は殿様の言うとおりに、尻見で見える山々をもらったんだと。

菅の三太という人はな、狩名人だけではなく、中々の文化人だったと。

三太の俳句が残っているんだよ。

船頭の　声のかれたる　寒さかな
スケ　三太

おしまい

（再話／五味渕薫）

◆参考文献／「ほうきねの民話・伝説・行事」塩原町教育委員会／金沢小学校ふるさとクラブ／金沢小学校研究ＰＴＡ［編］

要《よう》金《きん》寺《じ》に入った泥棒《どろぼう》〈金沢〉

むかしむかしのことだ、要金寺の第三十四世に江連けん世という坊さまがいたと。

ある時、このお寺に泥棒《どろぼう》が押し入り「金を出せ」とけん世和尚に言ったと。

すっとな、けん世和尚は「自分は、拝《おが》んで金をもらっているんだから、拝んでからやるからこっちへきなさい」と言って本堂に連れていった。

そして、ご本尊さまの前でお経をあげ始めたと。

「なむだいしへんじょうこんごう、なむだいしへんじょうこんごう」

泥棒はたまげて、逃げ出したと。

そして、その足で片岡《かたおか》まで行って、今度は、おだいじんさんの家に泥棒に入った。ところが、これが運のつきだったんだな。

「うわー　いやいや、立派なものばかっしあるもんだなー」たまげたり喜んだり　見とれているうちにその家のお父っつまにめっかっちまった。

その人は、剣道《けんどう》の達人だったつうからたまんね、たちまち取りおさえられっちまったと。

それもそのはず、その人は大田原の殿様の家来で、首切り役人だったたんだと。

なんと、けん世和尚のお父っつまだったたんだと。

その、首切った人らの菩提《ぼだい》を弔《とむら》いたくて、息子を要金寺の坊さまにしたんだと。

なんと、因縁《いんねん》というかなんというか．悪りいことはできねえな。

おしまい

（再話／五味渕薫）

◈参考文献／「ほうきねの民話・伝説・行事」塩原町教育委員会／金沢小学校ふるさとクラブ／金沢小学校研究ＰＴＡ［編］

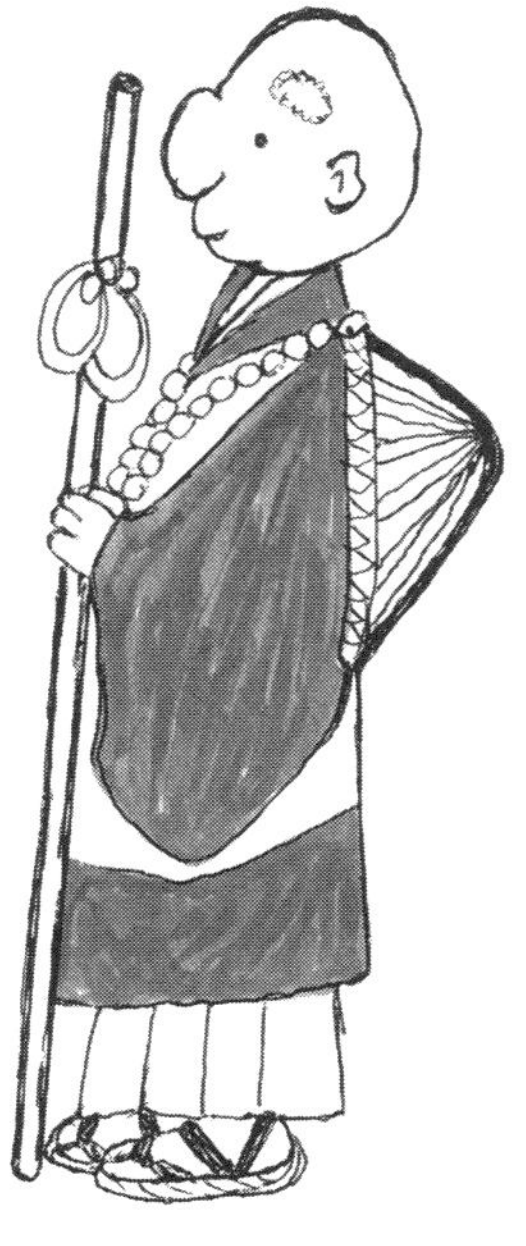

嶽山神社《たけさんじんじゃ》に出たおばけ〈宇都野〉

箒根《ほうきね》の里は宇都野《うつの》に、嶽山神社という古いお寺があんだ。そこにあったむかしの話だよ。嶽山神社には豊城入彦命《とよきいりひこのみこと》という五穀豊穣《ごこくほうじょう》と家内安全をもたらしてくれる神様が祭《まつ》られているんだよ。

標高千メートルの奥宮《おくのみや》の裏山からは、今でも清水がこんこんと湧《わ》き出ているんだよ。だから日照りが長く続かないように、そして、安心して生活ができますようにと近郷近在《きんごうきんざい》はもちろん、遠くは茨城県《いばらきけん》からも祈願《きがん》に訪れていたんだと。

それでは、そんなありがたい神様のおわす宇都野の里に伝わる話すっから、きいとこれ。

ある日のこと、村に変な噂《うわさ》が立った。

「あのよ、なんだかお社の境内に化け物が出るちゅうど」「大事にしてる鶏を喰われっちまったんだと」「こないだは、木こりが喰われはぐったんだと」

化け物の話はすぐに村中に広まったと。

もう宇都野の里は、山へタキギを採りに行くのはもちろん、出歩く人もめっきりへったと。

村人たちは、困り果ててみんな集まって話し合ったと。

「いつまでも、いまのまんまではいらんねぞ」「誰か化け物を退治してくんねがな」「あのよ、村の腕ききの猟師たちを集めてはどうだんべ」「ほだ、それがいい」

それから何日かした月夜の晩に、村中の腕自慢《うでじまん》の猟師たちが嶽山神社にやってきた。

「化け物がなんだ」「俺らが退治してやっから」みんな意気ようようだったと。

猟師たちは境内《けいだい》の灯籠《とうろう》の蔭に隠れた。「なんだ　何にも出ねなー」

「うん、俺らにおそれをなしたか」夜も更《ふ》けて、寅《とら》の刻《こく》を過ぎたころ、急に猟師たちの首筋を冷《ひや》ーっと冷てえ風がなでたと。ほしたら、お月様が急に黒雲におおわれて、一面闇夜《やみよ》になったと。「むむっ」「いよいよ出っか」猟師たちは火縄《ひなわ》をかまえた。

そんとき「シュッ　シュッ　ボー」お社《やしろ》の前に青白く光る火の玉が、浮かび上がった。

火の玉はボワン　ボワンと宙に浮きながらだんだんでっかくなった。

「でたな！　化け物」「よし　撃《う》て！」「ズドーン！　ズドーン！　ズドーン！」猟師たちはいっせいに撃った。

「やったぞー！」「どうした？」「うーん」「あれー？」ところがどうしたことか、火縄の煙の向こうには、まだあの火の玉がボーッと浮かんでいんじゃねえの、ほんで猟師たちに襲いかかってきた。「うわー　こりゃだめだ！」猟師たちはいちもくさんに逃げ出した。次の日、また村人たちは集まって話し合った。「はて、さて、困ったな」「火縄で撃っても効き目がねえ」「どうしたらいいんだんべ」村人たちはほとほと困り果てたと。とその時「火の玉を撃ってもだめだよ」後ろの方から一人のじいちゃんが言ったと。「火の玉撃っても化け物は退治できねって、ほんだらどうしたらいいんだい？」「火の玉は狐火《きつねび》（狐《きつね》の提灯《ちょうちん》）とおんなじで体から離れて光ってんだから、火の玉をねらっても当たるわけねえ、火の玉と地面の間をねらって撃ってみろ！」

その晩、じいちゃんの話を聞いた猟師たちはまた、神社の境内に身をひそめたと。そうすっとまた、あの冷てえ風がぴやっと猟師たちの首筋をなでたと。そして青白い火の玉が出た。今度はゆんべよりもでっかかったと。「いいか、じいちゃんが言ったように、火の玉と地面の間をねらえ！」「ほら、今だ撃てー」「ドドーン　ドドーン　ドドーン」「ギャオー」ものすごーい叫び声が暗闇《くらやみ》を刺《さ》した。

あくる朝、村人たちはみんなお社《やしろ》に集まった。そうすっと、そこには全身真っ白な毛でおおわれた、何百年も生きてきたような、でっかいムジナが死んでいたと。
それからは、宇都野の里はおだやかな元の村になったと。

おしまい

（再話／五味渕薫）

◆参考文献／「ほうきねの民話・伝説・行事」塩原町教育委員会／金沢小学校ふるさとクラブ／金沢小学校研究ＰＴＡ［編］

金毛九尾《きんもうきゅうび》の狐退治《きつねたいじ》の山本上総介《やまもとかずさのすけ》〈宇都野〉

むかしむかしの話だ。

京の都に、坂部庄司行綱《さかべしょうじゆきつな》というさむらいが住んでいたと。行綱には、子供がいなかった。「仏さまにお願いしてみっぺ」行綱は、早速、清水寺の観世音《かんぜおん》さまにお参りに行ったと。その、帰り道、草むらの中にめんげえ女っこが、きれいな着物につつまれてすてられているのに出合ったんだと。「あれあれ、かわいそうに」だれも近くにはいねがったんで、やっぱり捨て子なんだと思ったと。

行綱は、日頃仏さまにお願いしているので自分にこの子を授けてくださったんだんべと思って、抱いて家に帰った。そして、藻女《みずくめ》と名づけ、可愛がって育てたと。ちっとでがくなっと「美しい娘だ、頭がいい子だ」と、近所の人らはほめたたえた。

藻女が七つになったとき、宮中にお仕えすることになって、玉藻前《たまものまえ》と名を変えた。玉藻前は帝《みかど》からとてもかわいがられたと。

ある年の秋のこと、宮中に大勢の人が集まって歌会がもようされたと。

「今日こそ、玉藻前に勝ってご褒美《ほうび》を頂くぞ」人々は、夜中まで楽しんでいた。

その時、急に暗くなり、風が吹いてきて、広い宮中の灯は全部消えて、真っ暗になった。「あかりを付けろ」「あかりはどうした」と大騒ぎしているうちに、玉藻前の体が、輝いて、大広間はまっぴかりになった。みんならはたまげた。

玉藻前は、あわてて、屏風《びょうぶ》の裏にかくれたけっどが、光はもれてかがやいていたと。

こんなことがあってから、帝は病気になり、立派な医者にみてもらったり、国中から薬を集めて飲んでも良くなんねえんで、側近たちは、みんなで神仏にお願いした。玉藻前も、帝に付きっきりだったが、帝の病気は悪くなるばかりだったと。

その頃、都に安倍泰成《あべのやすなり》という祈祷師《きとうし》がいたので、泰成に占ってもらうことにした。

お祈りの用意をして、大勢の役人たちと、玉藻前もお祈りの台に上がった。

「美しい姫だ」「天人がこの世に下りてきたようだ」

泰成は、お祈りをはじめ

弓矢を手に持って、つるをブンブンならし、何やら唱え始めた。

お祈りにつれて、玉藻前の顔色がしだいに悪くなり、ガタガタ震え壇上にすっくと立ち上がった。するとと急に空が曇り、雨風が激しくなって、ものすごい雷がなり、天地が割れるようなひびきにみんなはふるえていたと。

この時、玉藻前は恐ろしい顔つきにかわり、「何をかくそう我こそは、金毛九尾の狐である。むかし天竺《てんじく》・唐土《もろこし》を滅ぼして、今度は日本と思ったが見破られてしまった。私の野心はくだかれてしまったのだ」そう言い終わると、みるみる小牛ほどの白い狐にかわり、らんらんと両眼から光を発している。金色の長い長い九本の尻尾《しっぽ》を振りながら、雲に乗って飛んで行っちまった。

すると、帝の病気はたちまちなおっちまった。

それから間もなく、下野《しもつけ》の国那須野ヶ原に怪しいものが出るという噂《うわさ》が立って、「体中が金色の毛でな、尻尾が九本もあるでかい狐が、娘を食い殺すとこを見たそうだ」村人は恐ろしくて、山道を歩くこともできなくなったと。

このことが京都に伝えられ、帝は泰成を招き占わせた。「あの玉藻前の狐が今度は、那須野ヶ原でいたずらしてるに違いない」

そこで帝は、関東の三浦介義純《みうらのすけよしずみ》と上総介広常《かずさのすけひろつね》・阿部泰成《あべのやすなり》の三人にこの狐退治を命じたと。三人は下野の武士たちの力を借りて幾日も狩をしたが、狐は一向にみつかんねえ。山も谷間も残らず探したが見つかんねえでとうとう那須山のふもとまできた。

湯川のほとりにきた時谷間に、でっかい蜘蛛が網を張り、虫のかかってくるのをまっていた。するとそこに一匹の蜂が飛んできてその網にかかった。すると蜘蛛は躍《おど》りかかって蜂を食うべとした。これを見て須藤貞信《すどうさだのぶ》が弓で蜂を落とし助けてやった。

しばらくすっと、武士たちの前に子どもが一人現れてな、

「お侍《さむらい》さん、私の家に宝物があります。さし上げますので来てください」と言うんだと、案内されて行くと、そこには立派な御殿が天高くそびえていたと。

「これが九尾の狐の御殿だな」武士たちは弓に矢をつがえた。

その時、一人の老人が来て「私は山の神です。先程助けていただいた蜂は私の子どもなのです。これはどんなものでも打つことができる不思議な矢です」と三本の鏑矢《かぶらや》を貞信にわたしたと。すると、不思議なことに立派な御殿は消え、奥深い岩屋に変わってしまった。「なんだ」武士たちがたまげてっと、貞信の馬の首に不思議なまり

のようなものがくっついた。貞信は今貰《もら》ったばかりの鏑矢《かぶらや》をつがえて、ヒューと放すと、そのまりの中から、小牛のような狐の九尾の一つに矢が刺さったまま躍り出てきた。これを見た貞信は「那須野の住人、那須貞信が金毛九尾の狐を見破ったぞ」と大声で叫んだ。三浦介が弓を放ち、上総介が大きななぎなたで切り伏せた。「思い知ったか悪狐め」そこへ多勢の武士たちが駆け寄って、切りつけた。さすがの悪狐もついに殺されっちまったと。

ところが、首を落とそうとすると、狐の姿は消えてなくなり、でっかい石になっちまった。四、五人の勢子《せこ》がその石に近づいたとたん、どっと倒れて死んでしまったんだと。

それを見て泰成は「これは、退治された狐の恨みが毒石となり人や生き物を苦しめるんだ」といったと。

それから、村の人らは誰も近づかずその石を「殺生石《せっしょうせき》」というようになったと。

山本上総介は九尾の狐退治に功績があったと朝廷からほめられ「十四位の上に」任じられたんだと。

おしまい

（再話／五味渕薫）

＊山本上総介は、長承年間（一一三二）宇都野鳩ケ森城主

◆参考文献／「ほうきねの民話・伝説・行事」塩原町教育委員会／金沢小学校ふるさとクラブ／金沢小学校研究PTA［編］

鳩《はと》ヶ《が》森《もり》城《じょう》〈宇都野〉

箒根《ほうきね》の里《さと》、宇都野《うつの》にあった古いお城、鳩ヶ森城の話すっから聞とこれ。

今から九百年以上も前の話だ。

山本家隆《いえたか》は 源 義家《みなもとのよしいえ》に 後三年《ごさんねん》の役《えき》（奥羽の・清原家衡《きよはらのいえひら》・武衡《たけひら》、一族らとの間の戦乱）に「力をかしておこれ」と言われて、家隆は、一族郎党《いちぞくろうとう》引き連れて参戦したと。力の限りを尽くして働いたその時の功績により、箒川筋《ほうきがわすじ》八ヶ村、伊佐野郷《いさのごう》十五ヶ村を拝領したと。家隆は宇都野に鳩ケ森城を築いて、領主となった。

城は、中央に正方形の本丸《ほんまる》を持ち、土塁《どるい》で囲み、空堀《からぼり》を段上に幾重《いくえ》にも張り巡らして、二の丸・三の丸とあって、当時威勢をふるう城郭《じょうかく》であったと。

鳩ヶ森城の中に、白幡塚《しらはたづか》と言われるとこがあんだが、これは、奥州の阿部貞任《あべのさだとう》・宗任《むねとう》を討つために、朝廷から 源 頼義《みなもとのよりよし》・義家《よしいえ》がこの地に来た時戦いの前に、嶽山《たけさん》箒根神社で戦勝を祈願したそうだ。

その時、源氏の御旗《みはた》を立てて置いたとこっだって言われてるよ。

また、首塚つうのもあって、二の堀を西へ進み、行き着くとこに、高い塚が残っている。賊徒塚《ぞくとづか》ともいわれてるんだよ。

ほんだげっと、あの頃は、あっちと戦い、こっちと戦い、戦いに明け暮れていたんだな。鳩ヶ森城も、家隆二十八世、伊勢守資宗《いせのかみすけむね》のとき四百四十三年間も栄えたのに、太田原城主備前守資清《びぜんのかみすけきよ》に滅ぼされた。それ以後嶽山の別当として連綿八十四世、現在にいたっている。山本家は旧家なんだよ。

今でも、城跡は、はっきりわかるんだよ。

おしまい

（再話／五味渕薫）

◆参考文献／「ほうきねの民話・伝説・行事」塩原町教育委員会／金沢小学校ふるさとクラブ／金沢小学校研究ＰＴＡ［編］

宇都野《うつの》の弁天《べんてん》さま〈宇都野〉

箒川《ほうきがわ》の流域に弁天ヶ渕と言うとこがあんだ。

その崖っぷちのてっぺんに、弁天さまがあんだよ。

弁天さまは、女神さまで河の神様と言われ、福徳を授づけてくれる神さまだと。

いまから三百年以上も前の事だ。

宇都野村弁才天《べんざいてん》社《やしろ》諸衆《しょしゅう》之《これ》を建てる（みんなで建てる）と書いたものがあるんだと。

むかしから、宇都野の村人は恵みの多い箒川の水と共に生活してきたんだよ。

ほんだげっと、箒川の川増しがあって、洪水になると、一転して災害をもたらすこともあったんだと、そこで信心深い宇都野の人らは、安全を祈り弁天さまをお祭りしたんだな。

弁天ヶ渕は、それはそれは深い渕でどれっぐらい深いか誰も知らねがったと。

その上、広くって、なんとも薄気味悪かったから、村の人らも、ほかの村の人らも誰も立ち寄ることはなかったと。

むかしから弁天ヶ渕には、主《ぬし》が居るという言い伝えがあって、石を投げると雨が降るとか、大蛇が出るとか、とにかく得体の知れねえ主が居ると言われていたんだよ。

ある日のこと、宇津野のいたずらっ子が、川に石を投げっつと、石が沈んでいき下につくと、あぶくが出てきた。その早い・遅いで深さを知ることができるんだと。

「どのくれえ深いか石をなげてみっぺ」と言って、石を投げ始めた。ぽちゃん……しばらくして、ぷくぷくと泡が上がってきた。

「ずいぶん深いなあ」「今度はおれがやる」ぼしゃん。しばらくたって、「うわー　出てきた出てきた、さっきよりもおれの方が深いぞ」そんじゃ負けていらんね、と石をばしゃんばしゃんと投げ入れたと。

「おれのが深い」

「いや　おれのが深い」と言いあってな。

その時、岩の向こうに黒い坊主が三人ぼーっと立ったと。子どもらはたまげて「わあー出た　主《ぬし》が出たあ」と我先に逃げ出した。

あんまりたまげたもんだから、急な坂で足がすべって、やっと這い上がって、振り返りもしねで、一目散に家に逃げ帰ったと。

家の人らは、その話を聞いて「それは、弁天さまのばちがあたったんだ」「そりゃあ大変だ」と、おおさわぎになり早速、お供物を持ってみんなで弁天さまにお参りに行ったと。きっと、気をしずめてくださったことだろうな。

こんな話があったと　やれやれ。

（再話／五味渕薫）

◆参考文献／「ほうきねの民話・伝説・行事」塩原町教育委員会／金沢小学校ふるさとクラブ／金沢小学校研究ＰＴＡ［編］

医者になった狩人《かりうど》〈大貫〉

むかしむかし、大貫《おおぬき》の村に腕のいい狩人がいたと。

或る日のこと、狩人は高原山《たかはらやま》のおおままこままに、鹿狩《しかが》りに出かけたと。

鹿笛を吹きながら、山ン中を歩いた。「ピーヒョ、ピーヒョロロー」「ピーヒョロロー」しばらく歩いてるうちに、見晴らしのいい所に出たんだと。

「はて、ここはどこだんべ　今まで来たこともねえ所に来っちまったなあ。今日は獲物《えもの》も捕《と》れねえし」狩人は、仕方なくこの日の猟はあきらめることにしたと。

「しかし、腹がへったなあ。昼飯にすっぺか」と、近くのでっかい桜の根っこさぶちかって、にぎり飯にかぶりついた。

「うっまいうん……うんまい　うんまい」時々鹿笛を吹きながら食った。

しばらくすっと、「ぽきん」とかすかな音がしたと。と同時に握り飯喰ってる所に、ゴミやら、小枝が落ちてきた。「うん？　なんだこりゃ？」と思って、上を見てみっと、「うわーーーあわわわーー」な、なんと、狩人の頭の上にいたのは、身の丈が、何メートルもある大蛇だった。目をギラギラ光らせて、こっちをにらんでる。口からまっかなべろをしゅるり　しゅるりとちらつかせているんだと。

たまげた狩人は、あわてて、鉄砲を向けて撃った。そして、一目散に、山を転げるようにして逃げ帰った。家に着くと、ひどい熱が出た。それから何日も何日も寝込んでいたと。ようやく、熱もとれて、元気になった狩人は、大事な鉄砲を置いてきっちまったことに気が付いた、が、「あそこには、二度と行きたくねえしな……しかたねえ、あきらめるしかねな……」んだけどが、気になって仕方がねえ。

ある日のこと、狩人は勇気を出して、高原山に出かけた。山の奥深く入って、ようやくあの日大蛇と出会った、桜の根元に着いた狩人は、おっかなびっくり、大蛇を撃った所に近寄った。

「あっ、あった――」そこに、鉄砲は落ちてた。

「いやー　えがったー」狩人がほっとして辺りを見回すと、そこには白い骨となった大蛇の姿があった。

狩人は、大蛇の骨をひろって、家に持ち帰った。

その後、狩人はその骨を粉にして、良薬を作り出して、ケガをした人や骨を折った人の治療をしてやったんだと。

「いやー　あの医者は、治りが早いんだわ」と評判になって、遠くからも患者がやって来るようになったんだと。そして、医者になった狩人は、たいそう腕のいいお医者さまとして、栄えたということだ。

おしまい

（再話／野村和子）

◆参考文献／「ほうきねの民話・伝説・行事」塩原町教育委員会／金沢小学校ふるさとクラブ／金沢小学校研究ＰＴＡ［編］

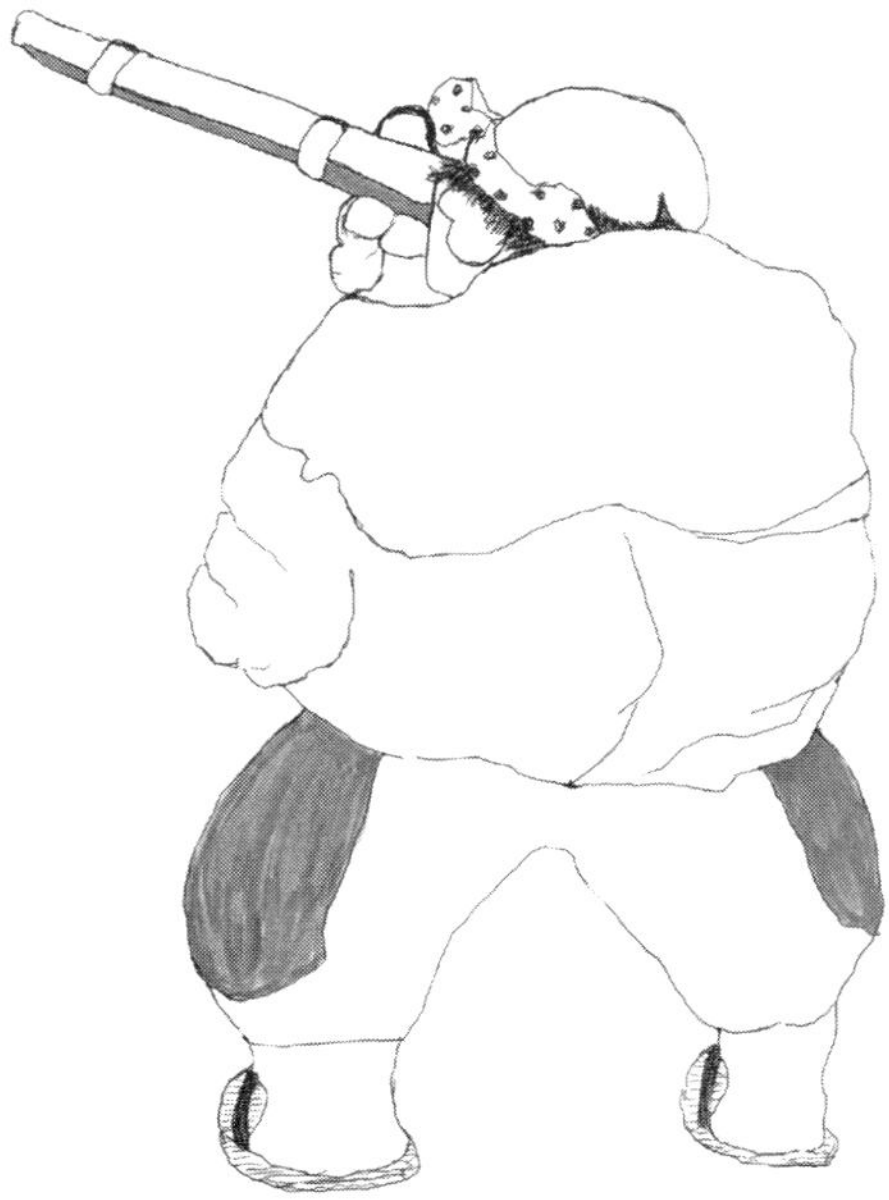

接骨木《にわとこ》のお地蔵様《じぞうさま》〈接骨木〉

むかし　むかし　今の接骨木公民館の辺《あた》りに、お堂があって旅の修行僧《しゅぎょうそう》なんかが寝泊まりしてたんだと。

そこに、いつの頃からか、お地蔵さまが建てられた。

接骨木の地蔵さまは『子安地蔵《こやすじぞう》さま』って言ってな、（妊婦《にんぷ》さんの安産《あんざん》をお守りするという地蔵さまだと）子どもを産むときに「お産が軽く、丈夫な赤ちゃんが生まれますように」と祈るお地蔵さまなんだよ。

ずっとむかしから、村の女の人らが、周《まわ》り番で団子《だんご》をこしゃって、ご馳走《ちそう》を持ち寄ってな、正月の二十四日と八月の二十四日にお念仏《ねんぶつ》を唱《とな》えながら祈っているんだよ。

ある年、当番になったおミネばあさんは、普段団子なんか作った事がねかったから、上手《うま》くできっかどうか、心配しながら作り始めた。団子の粉に、熱いお湯をちっとずつ入れて、ぐるぐるぐる混ぜて、耳たぶぐらいの硬《かた》さにして丸める。

まあるく　まあるく、地蔵さまにあげる団子は特にまんまるくしねえとなんねって聞いていた。……まあるくまあるくと思っているうちにな、「どうか、孫たちが、まあるくまあるく幸せになりますように……子どもたちがまあるくまあるく、世の中が、みんなまあるく治《おさ》まるように……」っていつの間にか祈るような気持ちになったと。自然とな。そんな優《やさ》しい、うれしいような気持ちになってくる……。

ふしぎな地蔵さまの団子なんだと。それから、まり婆《ばあ》ちゃんが初孫《はつまご》ができたからって、地蔵さまの前かけと帽子作ってきた。真っ赤な前かけをお地蔵さまにかけてみっと、ちっと長かったから、折り曲げたりしてたな。

帽子もかっこよくできた。みんながそれぞれに持ってきた団子をお地蔵さまに一つずつ、一つずつ、お祈りしながらあげた。庚申塔《こうしんとう》、湯殿様《ゆどのさま》、十九夜様《じゅうくやさま》、六地蔵様《ろくじぞうさま》もある。全部で石碑《せきひ》が十三もあるんだ。

皆がだんごをあげ終わると、今度はお念仏が始まる。

ロウソクを十三本立てて火を点《つ》ける。

正月の念仏は、寒念仏《かんねんぶつ》から……。

「帰命頂礼寒念仏《きみょうちょうらいかんねんぶつ》　明けてめでたい福寿草《ふくじゅそう》　梅に鶯《うぐいす》　ほけきょうや……」

お地蔵さまのお念仏は全部で九つ。かんかん、鐘《かね》をたたきながら、ゆったりと皆の心が一つになって、お念仏を唱えるんだよ。

子どもたちが、みんな幸せになりますようにとな。

一時間ぐらいかかって、お念仏が終わるとな、十三本のロウソクのうちで、一番短くなったものを、妊婦さんに貰《もら》って行く。

いざお産が始まった時にそのロウソクに火をつけて、ロウソクが無くなるまでに赤ちゃんが生れるますようにってな。安産のお守りなんだよ。

こうして、遠い　むかし　むかしから　接骨木のお地蔵さまは、子どもたちの幸せを願って、皆に守られて年に二回の念仏講《ねんぶつこう》が今でも続いているんだと。

おしまい

（採話／佐藤峰子）

◆資料提供者／大島博義

藤《ふじ》荷《に》田《た》ばあさん〈接骨木〉

むかしの話だ。接骨木に藤荷田村という集落があったと。

今の教養センター辺りだったと言われているんだな。

藤荷田村の人らがいつ頃、何処《どこ》からやってきたのか、詳しいことは分かんねえが、接骨木の愛宕神社《あたごじんじゃ》の石段七十七が作られた時には、お祝いを持ってきたこと、それから愛宕神社《あたごじんじゃ》に石宮《いしみや》を建てたとも古文書《こもんじょ》にあるんだと。

藤荷田村の墓石には菊の御紋《ごもん》と同じようなものがあって、笠のついたものもあるから、きっと格式の高い人が住み着いていたんだろうと思われていたと。

少なくとも江戸時代の終わりごろから二百年間ぐらいは、藤荷田村の人々が暮らしていたんだと。その頃の接骨木には水がねくて、田んぼなんかは作れなかったけどが、藤荷田村の辺りには湧《わ》き水が出て、田んぼがつくられていたんだと。

だけどが、山からの湧き水を利用していた、藤荷田村の人らは、疫病《えきびょう》がはやって、村は絶《ぜっ》滅《めっ》しっちまったんだと。

十数件の村の人らが、わいわいと井戸端会議もしたかも知んねえ井戸も、今では跡形もなく埋められっちまって、どこさあったかもわかんねえ。

藤荷田村でただ一人、生残った人がいたんだと。その人は「藤荷田ばあさん」と呼ばれて、明治の終わりごろまでいたんだと。

その藤荷田という名がついている山が教養センターの馬場の前にあるんだ。

そこには、春になっと一番にカタクリの花が咲く。

ピンクの可憐な花が山いっぱいに群生している。その前には、藤荷田村の無縁仏が並んでいるんだ。

まるで、藤荷田山が無縁仏を見守るかのようにな。ひっそりと群生しているカタクリの花を見っと、藤荷田ばあさんの声が聞こえてくるような気がするんだと。

ある時、忽然《こつぜん》と消えた村人の無念が、カタクリの花に変わって、接骨木の人らに話しかけてくるようだと。

おしまい　（採話／佐藤峰子）

◆参考文献／「横接の歩み」渡辺久芳［編］／「横接郷土史」塩原町横接郷土史研究会［編］

接骨木《にわとこ》の五左衛門《ござえもん》さん（一）〈接骨木〉

五左衛門さんは、背の高さが二メートルくらいあって、今でも、大島家に残ってる手形を見れば、お相撲さんみてえにでっかい人だったんだなあって分かんだよ。

そんなもんだから、五左衛門さんにはいろんな話が残ってんだ。

先ずは、五左衛門さんが馬を抱えて川を渡ったという話だ。

むかしは、荷物を運ぶには、馬の背中に乗せて運ぶか、人が担《かつ》ぐか、籠《かご》で運ぶしかねかった。馬車で運ぶようになったのは、明治時代になってからだったんだと。

五左衛門さんが若い時だった。その頃の接骨木あたりでは「蟇沼用水《ひきぬま》」は飲み水に使うだけで、田んぼに稲を植えてはみんなの飲み水が足りなくなっからと、田んぼを作るのは、大田原のお殿様からご法度《はっと》とされていた。接骨木ではその頃陸稲《おかぼ》を作ってたと。その陸稲の刈り取りをして、畑に干しておいて、やがて「千歯《せんば》こき」でガゴンガゴンと脱穀《だっこく》して、もみを俵に詰めて馬で運ぶ時だった。馬の背中に二俵の米を載せて、家の近くの堀を渡るときの事。橋がねえから、村の人たちは、馬の荷物が落ちねえように注意しながら、馬と一緒に堀を超えるんだが、五左衛門さんは、米俵を二俵積んだまま、馬を抱きかかえて堀を超えたんだと。

また、ある時は、大田原に江戸の大相撲がやってきた。今の地方巡業《じゅんぎょう》だな。大勢の人が入れるようにと見物の場所を作ったり、入り口を作って外から見えねえように周りに幕を張って、見物に来た人は入場料を払って相撲を見ていたと。

ふっと木戸番《きどばん》が気が付いた。「あれ？　幕の上からただで相撲を見てるやつがいるでねえか？」木戸番はあわてて、「こらー誰だ！　梯子《はしご》掛けてただ見してるのはー」って、でっかい声ですっ飛んできた。五左衛門さんのところに来て、たまげた。

梯子なんてどこさもねえ。五左衛門さんはただ立ってるだけだった。

木戸番は「木戸銭を払って見とくれ」って言うと、五左衛門さんは涼しい顔で、「幕をもっと高く張ったらよかんべ、ほしたら、おらだって中に入って見るよ」って言ったんだと。するると、横綱が出てきて、「いやいやー　おめえさん、見事な体格だ、一丁、わしと相撲を取ってみないか？」と誘われた。五左衛門さんは「おら相撲の決まり手を知らねえから」と断ったと。ほしたら横綱が「自分が土俵から出ねで、相手を土俵の外に出せばいいんだよ」と教えた。それではと横綱と相撲を取った……どうなったと思う？　なんと五左衛門さんは、横綱を負かしちまったんだと。

「のう　おめえさん　江戸に行って　相撲取りにならねえか　きっといい関取になるぞー」って　言われたら　五左衛門さんな、「いいや　おらは　接骨木で　のんびり　百姓《ひゃくしょう》するのが性《しょう》にあってるんだよ」って言ったんだと。

力持ちで大男の五左衛門さんは、正直者で心はとっても優《やさ》しい人だったと。いつまでもいつまでも接骨木の里でみんなに慕われながら過ごしたんだと。

接骨木の子孫の大島さんの家には、五左衛門さんが履《は》いたという大きな下駄が飾ってあるんだ。手形も残ってあるんだよ

おしまい

（再話／佐藤峰子）

◆参考文献／「おうせつの横接民話」横接の歩み研究会［編］

接骨木《にわとこ》の五左衛門《ござえもん》さん（二）〈接骨木〉

五左衛門さんの力自慢話は、いっぱいあるんだ、こんどは、馬を抱いて大名《だいみょう》行列《ぎょうれつ》をよけた話だ。ある時、大田原のお殿様が、接骨木《にわとこ》に来たんだと。

今日あたり、お殿様なんて来るはずねえと思ってた村の人らは、ぶったまげたと。

実は、大田原の代々《だいだい》の殿様は、接骨木の温泉神社を崇拝《すうはい》してたから、お祭りにはお参りにきてたんだと。ところがこの時は、お祭りでもねえのに急に来らっちゃから、みんなはあわてたわけだ。

大名行列は、先ぶれが「下にー　下にー」と大声で知らせるとそのずっと後から、殿様が籠《かご》に乗ってくるんだと。

村人は、みんな土下座《どげざ》しなくちゃなんね。馬はどうすべ。馬も土下座すんのけ？　仕方ねえから、馬は殿様の見えねえ所さ連れて行くしかあんめな。

だけどが、「堀」があんだよ。堀には橋もかかってねえ。どうすべ？　と皆が困ってたら、五左衛門さんが、荷物を積んだ馬をさっと抱《かか》えて、堀をひょいとまたいて、家の後ろに引いて行った。ほうして、殿様の行列が通り過ぎたあとで、馬を元の所に戻してやったんだと。

もう一つ力持ち五左衛門さんが、風呂桶で水をくんだ話だ。

むかしの風呂は色々あったがな、でっかい釜のようなものに「すのこ」板を敷いてはいる「五衛門風呂《ごえもんぶろ》」。それから「たらい」をもっと深くしたような木でできたものに「ヒョットコ釜」をつけた風呂があったと。五左衛門さんは、なんと、その風呂桶で水を汲んだということだ。むかし、五左衛門さんの家では、風呂の水を汲むときは、接骨木の道に沿って流れている蟇沼用水《ひきぬまようすい》から、家の軒先の風呂桶まで、手桶《ておけ》を両手に下げて水汲みして、風呂に入れたんだと。だいたい、十回は運ばねとなんねかったべな。こぼしこぼし運ぶから中々風呂桶がいっぱいになんねかった。

むかしはこれが、子どものだいじな手伝いだった。

それが、たまげたことに、五左衛門さんは、「えい、いっぺんに運んじまうべ」と風呂桶を蟇沼用水堀さ持って行って、「よっこらしょ」と水を入れてきたんだと。

次は、『こさばらい』って言う話だ。

むかしの人らは、秋の取り入れが終わると、木の葉《こ》さらいに、山に入ったと。山の木が良く育つように、田んぼや畑に木の葉や、わらを細かく切って、腐《くさ》らせたのを入れると、うまい米や野菜が取れるからと農家の人らは、せっせと山に入って「木の葉」をさらい、下枝を切って、山を手入れしたんだと。さて、木の葉をさらう時、ちっちゃい木が生えていては、邪魔なので、村の人らは「刈《か》ったて鎌《がま》」で刈り取るんだと。だけどが、五左衛門さんは、その鎌を使わねで、さっさと手で、ちっちゃな木を引き抜いて、木の葉さらいをしたんだと。

鎌で刈り取ったら、切株がとんがってあっから、あぶねべ、だけどが、五左衛門さんの山は、はだしで歩いても、ケガしねえと言われるほど、いつもきれいになっていたと。

おしまい

（再話／佐藤峰子）

123　接骨木の五左衛門さん（二）〈接骨木〉

接骨木《にわとこ》の五左衛門《ござえもん》さん（三）〈接骨木〉

金沢《かねざわ》のお坊さんを助けた話

むかしむかし、お坊さんは、結婚してはなんねえという時代の話だと。

ある時、接骨木の庄屋様《しょうやさま》である五左衛門さんの所に、大田原の殿様から、手紙が届いたと。

五左衛門さんは、おそるおそる封を開けて見っと、「金沢《かねざわ》の要金寺《ようきんじ》のお坊さんは、結婚してはなんねのに、聞くところによると、嫁さんらしい女がいるとの事だから、取り調べをするから、五左衛門、案内せよ」と書いてあった。

五左衛門さんは、とても体がでっかくて、力も強い人だったから
何とか、自分でお寺の坊さまを役人につかまれねように、助けてやりたいと思ったと。「こりゃ、大変なこったあ、お城のお役人様が来るまでは、未だちっと間があっからな」と、五左衛門さんは金沢の要金寺まで、長い足で、ドンドン走って、先に要金寺に行った。「和尚様、和尚様、大変だ」と、事の次第を話して、坊さまと嫁さまを逃がしてから、自分はまた箒川

の向こう岸まで戻って、お役人をお迎えしたと。

そしてな、何食わぬ顔して要金寺に案内したと。もちろん、お寺には、坊様はいねかった。だけどが、お役人は、逃げた坊様を追いかけることまではしねかったと。

その、何年か後で、五左衛門さんが「お伊勢参り」に行った時のことだった。

途中の茶店《ちゃみせ》で団子なんか食ってた時だった。「これは、これは、五左衛門さんではねえですか？　私は、あの時に助けてもらった、和尚です」と言われて、よく見っと、要金寺にいた坊さまだったと。そばには、嫁さまもいて、二人にていねいにお礼を言われたんだと。

おしまい

（再話／佐藤峰子）

しおばらの民話分布図

蛇尾川ダム
タダム
網
蛇尾川
25 菅
400
24 関谷
塩原ダム
箒川
金沢 26
宇都野
27 28 29 30
接骨木
32 33 34 35 36
西那須野塩原 I.C.
東北自動車道
大貫 31
旧塩原町

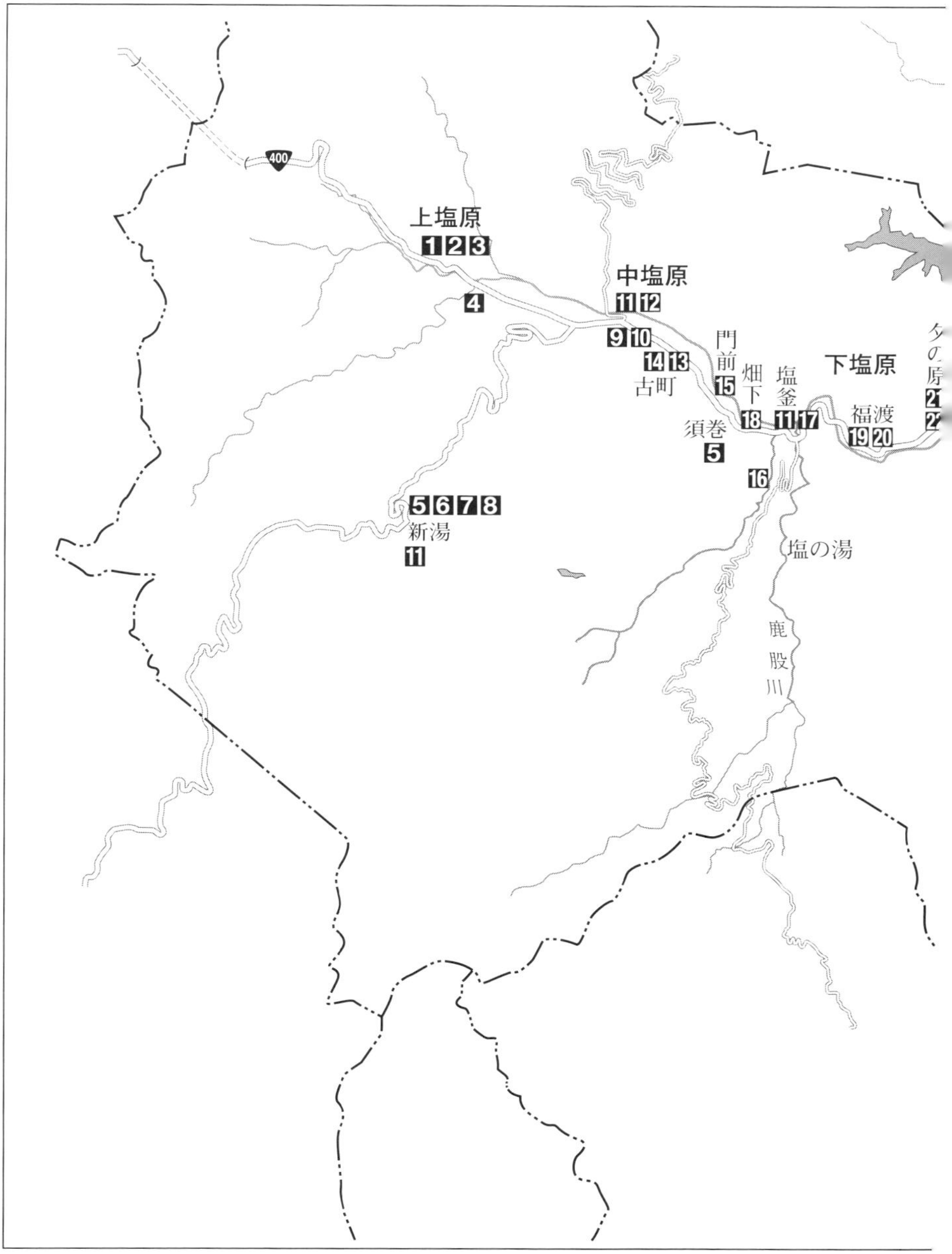

400
上塩原
1 2 3
4
中塩原
11 12
9 10
14 13
古町
門前
15
畑下
18
塩釜
11 17
下塩原
福渡
19 20
須巻
5
16
5 6 7 8
新湯
11
塩の湯
鹿股川

民話のふるさと（取材地・再話場所の分布）

1	梅の里	上塩原
2	キツネの嫁入り	上塩原
3	殿様の清水	上塩原
4	河童のにぎり石	堂の本
5	富士山	新湯と須巻
6	富士山のこん太キツネ	新湯
7	如活和尚と三左エ門	新湯
8	ひしが沼の大蛇	新湯
9	逆さ杉　塩原の七不思議　一	中塩原
10	一夜竹　塩原の七不思議　二	中塩原
11	塩原の七不思議・三、四、五、六	中塩原・新湯・塩釜
12	お地蔵さまと雪女	中塩原
13	片葉の葦　塩原の七不思議　七	古町
14	源三窟	古町
15	飲兵衛与助さん	門前
16	小太郎が渕	塩釜
17	塩原高尾太夫	塩釜
18	普門渕	畑下
19	野口雨情とアカショウビン	福渡
20	爪描き不動	福渡
21	材木岩	夕の原
22	稚児が渕	夕の原
23	猿岩と猿臂の滝	大網
24	かんかん地蔵様	関谷
25	ケズ見のごほうび	菅
26	要金寺に入った泥棒	金沢
27	嶽山神社に出たおばけ	宇都野
28	金毛九尾の狐退治の山本上総介	宇都野
29	鳩が森城	宇都野
30	宇都野の弁天さま	宇都野
31	医者になった狩人	大貫
32	接骨木の地蔵様	接骨木
33	藤荷田ばあさん	接骨木
34	接骨木の五左衛門さん（一）	接骨木
35	接骨木の五左衛門さん（二）	接骨木
36	接骨木の五左衛門さん（三）	接骨木

あとがき

平成十五年に『塩原もの語り館』がオープンしました。関係者からその中に、民話語りを入れて欲しいとの要請があり、私たちは使命感を抱きながら、旧塩原町図書館主催の「語り部養成講座」を受講しました。そして、『塩原のかたりべ』を結成し、今年十五周年を迎えました。

一二〇〇年の歴史の中に伝承されてきた、ふるさとの民話（伝説・昔話・世間話）を再話し、幼・保育園・小学校をはじめ、各公民館や高齢者施設などで語って来ました。観光客の方々にも「また語りを聞きに来たよ」と親しまれるようになりました。何より、市内各地の自治公民館で開催されている『生きがいサロン』や敬老会に招いてくださり地域の方々が、私たちの活動を支えてくださいます。

この度、那須塩原市・「市民提案型協働のまちづくり支援事業」の助成をいただきまして、語り部が書いた「しおばらの民話」として、刊行することができました。

この民話本を通して、子どもたちはもとより、市民の皆さまに故郷の好さに気づき、郷土愛を深めていただければ幸いに存じます。また、より一層の観光活性化の一助になることを願っています。

最後に、本書の出版に際し、玉稿をいただきました塩原のかたりべ顧問の君島久子先生、そしてオビに推薦の言葉をいただきました栃木県民話の会連絡協議会顧問の柏村祐司先生にこの場をお借りして厚く御礼申しあげます。また、惜しみないご指導、ご協力をいただきました関係者の皆さまと、随想舎の卯木様に心より御礼申しあげます。

令和元年七月　　塩原のかたりべ代表　佐藤 峰子

参考文献

書名	編・著者	発行・出版
「塩原の民話と伝説」	ふるさと運動実行委員会	塩原町・教育委員会
	塩原小学校社会クラブ	
「ほうきねの民話・伝説・行事」	金沢小学校ふるさとクラブ	塩原町教育委員会
	金沢小学校研究ＰＴＡ	
「おうせつの　横接民話」	横接の歩み研究会（横林小職員）	かやの木印刷所
「横接の郷土史」	横接郷土史研究会	塩原町立横林小学校
「塩原の里物語」	「塩原の里物語」編集委員会	塩原町文化協会
「塩原町誌」	塩原町誌編纂委員会	塩原町長　君島　五一
「横接の歩み」	渡辺　久芳著　佐藤　馨（監修者）	「横接の歩み」研究会
「新湯乃むかしかた里」	岡　鳳岡	渓雲閣
小説「いろはもみじ」	泉　漾太郎著	講談社
「野口雨情回想」	泉　漾太郎著	筑波書林

協力者（敬称略）

柏村　祐司
君島　久雄
君島　守
君島弥寿子
佐川利喜雄
澤田けい子
杉山　岳人
田代　芳寛
千葉　昭彦
八木澤郁子
大島　博義

挿絵

安藤勢津子
土屋佐保子

塩原のかたりべ
君島　栄七　　君島美代子
君島由美子　　君島　陽子
五味渕　薫　　佐藤　峰子
高瀬ヒロ子　　中村　矩子
野村　和子　　室井チカ子
渡辺喜代子

語りべが書いた しおばらの民話

2019年8月5日　第1刷発行

著　者 ● 塩原のかたりべ[編]

〒329-2807　栃木県那須塩原市接骨木437-4
電話　0287-37-2865

制　作 ● 有限会社 随 想 舎
〒320-0033　栃木県宇都宮市本町10-3 TSビル
TEL　028-616-6605　FAX　028-616-6607
振替　00360－0－36984
URL　http://www.zuisousha.co.jp/
E-Mail　info@zuisousha.co.jp

印　刷 ● モリモト印刷株式会社

装丁 ● 栄舞工房　　カバー画 ● 鈴木はる子
定価はカバーに表示してあります／乱丁・落丁はお取りかえいたします

ISBN978-4-88748-374-3